首都圏版④ **使いやすい！教えやすい！家庭学習に最適の問題集！**

慶應義塾 幼稚舎

2021 年度版 過去問題集

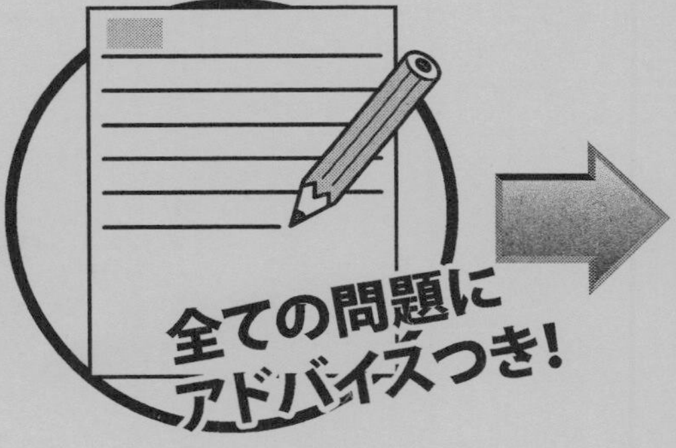

<問題集の効果的な使い方>

①お子さまの学習を始める前に、まずは保護者の方が「入試問題」の傾向や難しさを確認・把握します。その際、すべての「学習のポイント」にも目を通しましょう。
②入試に必要なさまざまな分野学習を先に行い、基礎学力を養ってください。
③学力の定着が窺えたら「過去問題」にチャレンジ！
④お子さまの得意・苦手が分かったら、さらに分野学習をすすめレベルアップを図りましょう！

必ずおさえたい問題集

慶應義塾幼稚舎

運　動	新　運動テスト問題集
行動観察	Jr. ウォッチャー 29「行動観察」
制　作	Jr. ウォッチャー 22「想像画」
制　作	Jr. ウォッチャー 23「切る・貼る・塗る」
制　作	実践　ゆびさきトレーニング①②③

全40問

昨年度実施の過去問題 ＋ **それ以前の特徴的な問題** を**収録!!**

日本学習図書　ニチガク

目指せ！合格！

家庭学習ガイド

慶應義塾幼稚舎

入試情報

応募者数：男子 975名　女子 615名
出題形態：ノンペーパー形式
面　　接：なし
出題領域：運動、行動観察、制作・絵画、口頭試問

入試対策

2020年度の応募者数はやや減少しましたが、依然として男女ともに高倍率であり、付け焼き刃の対策ではよい結果は期待しにくい入試であることに変わりはありません。合格の最大のポイントは、課題に対して好奇心を持ち、グループ内で積極的に、楽しく取り組むことです。卒なくこなすだけではなく、大勢の受験者の中で試験官に印象付ける「キラリ」と光るものをアピールしましょう。まずは、知的好奇心・技量・個性を育みながら、初対面の人と話すのに慣れることができる機会を日常生活の中で作ってください。コミュニケーションの機会を増やすことが効率のよい対策になります。

●高倍率の中、ノンペーパー形式の入試で合格を勝ち取るにはそれなりの努力が必要ですが、知識を増やすというよりも、出会いの中で「話を聞く」「説明する」といったことに時間をかけてください。
●グループでの活動や口頭試問では、初対面の人と関わる経験（大人との会話、同年齢の子ども同士での遊びなど）をたくさん積むようにしてください。思ったこと、感じたことをハッキリと伝えることができるようにしてください。
●行動観察では、コミュニケーションをとり、協調性をもって関わることが重要です。お友だちとゲームをしたり、何かを一緒に作ったりする場をたくさん設けてください。運動ともに例年同じような内容が出題されています。
●制作・絵画では、発想力と創造力が必要です。

必要とされる力　ベスト6

チャートで早わかり！

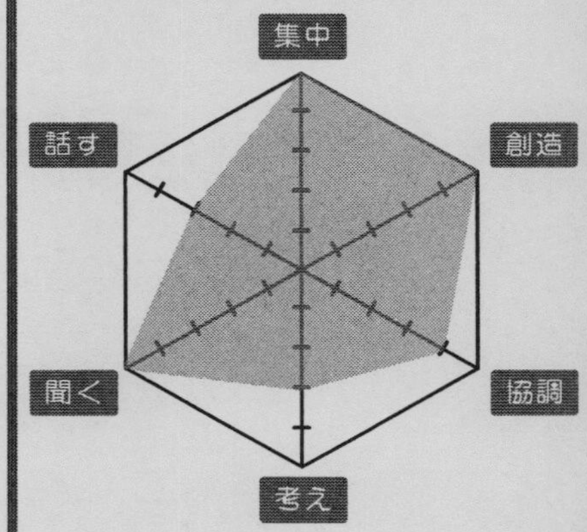

特に求められた力を集計し、左図にまとめました。
下図は各アイコンの説明です。

	アイコンの説明
集中	集　中　力…他のことに惑わされず1つのことに注意を向けて取り組む力
観察	観　察　力…2つのものの違いや詳細な部分に気付く力
聞く	聞　く　力…複雑な指示や長いお話を理解する力
考え	考える力…「～だから～だ」という思考ができる力
話す	話　す　力…自分の意志を伝え、人の意図を理解する力
語彙	語　彙　力…年齢相応の言葉を知っている力
創造	創　造　力…表現する力
公衆	公衆道徳…公衆場面におけるマナー、生活知識
知識	知　　　識…動植物、季節、一般常識の知識
協調	協　調　性…集団行動の中で、積極的かつ他人を思いやって行動する力

※各「力」の詳しい学習方法などは、ホームページに掲載してありますのでご覧ください。http://www.nichigaku.jp

「慶應義塾幼稚舎」について

＜合格のためのアドバイス＞

　ノンペーパーの学校ほど、日常生活が合否に大きく関係してきます。特に、当校のように受験者数が多い学校ほど、「目を引く何か」が必要なのは言うまでもありません。

　当校の場合、合格を勝ち取るためには、問われている内容、行動をそつなくこなせるだけでは足りません。大胆かつ積極的に楽しみながら取り組まなければいけないでしょう。これは、お友だちとの関わり方、指示の聞き取り、ていねいに物事を進めることなど、日常生活の中で培われる要素ばかりです。

　当校の特徴として、課題に入る前に体操着への着替えがあります。衣類の脱ぎ着は、日常生活の中で、何度もありますが、脱いだら畳む習慣を身に付けましょう。洗濯物を畳むお手伝いも、衣類を畳むことに慣れる方法の一つですので、ぜひ取り組んでください。どのようにしたらきちんと畳めるのか、ていねいさにも気を配り、しっかりと指導してください。

　制作・絵画の課題では、創造力・発想力が求められます。もちろん制作や絵画に取り組み、工夫できる力を養う必要がありますが、子どもらしい自由な創造力も大事です。型にはめられ、そつなくこなすことよりも、大胆に創造力や発想力を発揮できるようにすることが大切です。読み聞かせ、お話づくりなどにもたくさん取り組むことで創造力を育ててください。

　質問に対する答え方ですが、詰まってしまったり、言い間違いを訂正しても評価には関係ありません。大切なことは、自分の考えをしっかりと伝えること、つまり、人の話を理解する力があり、積極的に物事に関わる姿勢を見せることなのです。

　試験会場では、まず着替えた際に身に付ける印やゼッケンでグループ分けされるので、自分がどのグループなのか把握しなければなりません。また、教室への移動の際にもお約束があり、試験課題も複雑な指示があります。問題に答えるのに夢中になりがちですが、指示を聞いたりマナーを守ることも大切です。

　当校の試験では、何よりもその指示通りに行動できることが重要です。人のお話をしっかりと聞き、理解する力を養い、個性を尊重し、子どもらしく活き活きと物事に取り組むように導いてください。

〈2020 年度選考〉

◆行動観察（集団）
◆口頭試問（集団）※複数の先生から質問される。
◆運動テスト（集団）
◆制作・絵画
◇試験が 1 週間以上に渡って行われるので、日によって多少試験内容は異なる。月齢が高くなるにつれて内容は難しいとされる。
◇面接はなし。

◇過去の応募状況

2020 年度	男子 975 名	女子 615 名
2019 年度	男子 970 名	女子 706 名
2018 年度	男子 929 名	女子 648 名

入試のチェックポイント

◇受験番号は…「ランダムに決める」
◇生まれ月の考慮…「なし」

㊢ 先輩ママたちの声！

◆実際に受験をされた方からのアドバイスです。
ぜひ参考にしてください。

慶應義塾幼稚舎

・試験時間は合計で1時間40分ぐらいでした。読書などをして待機をしていらした方が多かったようです。

・控え室は教室です。または校舎外で待つこともできます。

・30分ほど早めに行ったほうが、トイレなどが混まなくて良いと思います。

・体操服は「半袖・半ズボン」と指定されていますが、カラフルなものや襟の付いたものなどさまざまでした。

・受付の後入り口付近でしばらく待ち、数組集まった時点で控え室に案内されました。当日の流れが記載してある説明書きの用紙をいただき、着替えは後でと書かれていましたが、控え室に入るとすぐに着替え始めた方がいらっしゃって注意されていました。

・元気でも「３つの約束」は、きちんと守ることが大切です。ふだんの躾が重要だと思います。

・目立つことが最優先のような間違った対策をとらないよう注意しましょう。元気よく行なう中にも、けじめをしっかりつけることが必要です。

・子どもにとってはとても楽しい試験だったようです。「遊び力」が試されるような試験でした。

・日常生活の中で学べることを親子で積極的に行っていくことが大切だと感じました。

・記念受験のような方も中にはいるので、影響されないようにしてください。

・土足で校内に入ると、ヒールのコツコツという音が響いてしまいます。
音が出ない靴の方が気を遣わず移動できます。

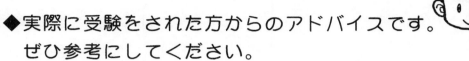

慶應義塾幼稚舎

過去問題集

〈はじめに〉

現在、少子化が叫ばれているにもかかわらず、私立・国立小学校の入学試験には一定の応募者があります。入試は、ただやみくもに学習するだけでは成果を得ることはできません。志望校の過去における出題傾向を研究・把握した上で、練習を進めていくこと、その上で試験までに志願者の不得意分野を克服していくことが必須条件です。そこで、本問題集は小学校を受験される方々に、志望校の出題傾向をより詳しく知って頂くために、過去に遡り出題頻度の高い問題を結集いたしました。最新のデータを含む精選された過去問題集で実力をお付けください。

また、志望校の選択には弊社発行の**「2021年度版　首都圏・東日本　国立・私立小学校　進学のてびき」（4月下旬刊行）**をぜひ参考になさってください。

〈本書ご使用方法〉

◆出題者は出題前に一度問題を通読し、出題内容などを把握した上で、〈 準　備 〉の欄に表記してあるものを用意してから始めてください。
◆お子さまに絵の頁を渡し、出題者が問題文を読む形式で出題してください。問題を読んだ後で、絵の頁を渡す問題もありますのでご注意ください。
◆**「分野」**は、問題の分野を表しています。弊社の問題集の分野に対応していますので、復習の際の目安にお役立てください。
◆問題番号右端のアイコンは、各問題に必要な力を表しています。詳しくは、アドバイス頁（色付きページの１枚目下部）をご覧ください。
◆一部の描画や工作、常識等の問題については、解答が省略されているものがあります。お子さまの答えが成り立つか、出題者が各自でご判断ください。
◆〈 時　間 〉につきましては、目安とお考えください。
◆**［〇年度］**は、問題の出題年度です。**［2020年度］**は、「2019年の秋から冬にかけて行われた2020年度志願者向けの考査の問題」という意味です。
◆**学習のポイント**は、指導の際にご参考にしてください。
◆**【おすすめ問題集】**は各問題の基礎力養成や実力アップにご使用ください。

〈本書ご使用にあたっての注意点〉

◆文中に**この問題の絵は縦に使用してください。**と記載してある問題の絵は縦にしてお使いください。
◆〈 準　備 〉の欄で、クレヨンと表記してある場合は12色程度のものを、画用紙と表記してある場合は白い画用紙をご用意ください。
◆文中に**この問題の絵はありません。**と記載してある問題には絵の頁がありませんので、ご注意ください。なお、問題の絵の右上にある番号が連番でなくても、中央下の頁番号が連番の場合は落丁ではありません。
下記一覧表の●が付いている問題は絵がありません。

問題１	問題２	問題３	問題４	問題５	問題６	問題７	問題８	問題９	問題10
●		●		●	●				●
問題11	問題12	問題13	問題14	問題15	問題16	問題17	問題18	問題19	問題20
●	●	●		●		●	●	●	
問題21	問題22	問題23	問題24	問題25	問題26	問題27	問題28	問題29	問題30
●		●		●		●			●
問題31	問題32	問題33	問題34	問題35	問題36	問題37	問題38	問題39	問題40
			●						●

※問題を始める前に、本文の「本書ご使用方法」「ご使用にあたっての注意点」をご覧ください。
※本校の考査は行動観察主体のため、問題に解答がない場合がほとんどです。ご了承ください。

**保護者の方は、別紙の「家庭学習ガイド」「合格ためのアドバイス」を先にお読み下さい。
当校の対策および学習を進めていく上で、役立つ内容です。ぜひ、ご覧下さい。**

2020年度の最新問題

問題１　分野：準備体操

集中　聞く

〈準　備〉　なし

〈問　題〉　この問題の絵はありません。
まず、準備体操をします。私のする通りに真似をしてください。
①両手を上にして右足だけで立って、バランスを取ってください。
②両手を横に伸ばして、「飛行機の形」になってください。やめてください。
③両手を上にして左足だけで立って、バランスを取ってください。
④両手を横に伸ばして、「飛行機の形」になってください。やめてください。
⑤指の屈伸をします。両手を前に伸ばして、手のひらを下に向けて手をパーにしてください。そうしたら、右手の親指から１本ずつ、指を折り曲げましょう。右手が終わったら左手の指も曲げていきます。両手がグーになったら、今度は右手の小指から１本ずつ伸ばしましょう。

〈時　間〉　適宜

〈解　答〉　省略

［2020年度出題］

学習のポイント

親子で指示された教室で待っていると先生が定刻に入室し、着替えるように指示され、脱いだ服を机の上のカゴの中に入れてから、試験の開始まで待つことになります。ここからお子さまは試験会場に誘導され、上記の準備体操を試験の最初に行ないます。移動の際には、「走らない」「受験票をなくさない」「おしゃべり」しないという３つの約束を守るよう指示されますので、この指示を徹底して守るようにしてください。当校の入試は志願者が多く、合格するためには個性を発揮する必要がある試験です。しかし、それもテスターの指示を理解し、守ってからの話です。集団行動ができないという印象を持たれると、たとえ稀有な個性・能力を見せてもよい評価が得られないのです。

【おすすめ問題集】
新運動テスト問題集、Ｊｒ・ウォッチャー28「運動」

問題2　分野：運動（サーキット運動）

集中　聞く

〈準　備〉　三角コーン、ボール、ボールを入れるかご、的

〈問　題〉　この問題は絵を参考にしてください。
これから見本を見せるので、その通りに真似をしてください。
①スタートの白い線まで仰向けになってください。
②「ヨーイドン」と言ったら起き上がって、走ってコーンを回ってください。
③白い線のところまで来たら、ギャロップ（両足揃えて跳ぶ）をして次の白い線（スタートしたところ）まで行ってください。
④スタートした白い線まで来たら、スキップをしてコーンを回ってください（２周目に入る）。
⑤ボールの近く引かれた白い線のところまで来たら、ボールのかごからボールを取り出して、ボールをコースの横に置いてある的に当ててください。

〈時　間〉　適宜

〈解　答〉　省略

［2020年度出題］

学習のポイント

絵を見ていただければわかると思いますが、同じコースを２周する文字通りのサーキット運動です。こうした問題では指示が複雑になることが多いですから、ポイントを押さえて指示をよく聞きましょう。まず何からするのか、何周目に何をするのかというように、頭の中を整理しながら把握する必要があります。競争ではありませんから、年齢相応の体力があることを示せれば、パフォーマンスの良し悪しは関係ありません。運動の中身も神経質に対策もいらないでしょう。ただし、積極的に参加していることを示すために、はっきりと返事をすることは大切です。試験前にアドバイスをするとすれば、その程度のことの方がかえってプレッシャーなく課題に臨めるはずです。

【おすすめ問題集】
新運動テスト問題集、Ｊｒ・ウォッチャー28「運動」

家庭学習のコツ①　「先輩ママのアドバイス」を読みましょう！

本書冒頭の「先輩ママのアドバイス」には、実際に試験を経験された方の貴重なお話が掲載されています。対策学習への取り組み方だけでなく、試験場の雰囲気や会場での過ごし方、お子さまの健康管理、家庭学習の方法など、さまざまなことがらについてのアドバイスもあります。先輩ママの体験談、アドバイスに学び、ステップアップを図りましょう！

問題3　分野：行動観察　協調

〈準備〉　なし

〈問題〉　※３名のグループで実施する。

この問題の絵はありません。

これから、テスト会場に移動します。移動する時には、「走らない」「受験票をなくさない」「おしゃべりしない」という３つの約束を守ってください。ではこれから先生とみなさんでじゃんけんをします。最初に勝った人が先生の次に、次に勝った人がその次に、残った人が列の１番後ろに並んでください。

〈時間〉　約10分

〈解答〉　省略

［2020年度出題］

学習のポイント

テスト会場を移動する時の「３つの約束」を確認した後、制作テストを行う教室、または運動を行う会場に移動します。問題としてわざわざ取り上げる必要はないかもしれませんが、「３つの約束」が守ること、つまり、指示の理解と実行というところに入試全体の観点があることを理解していただくためにあえて取り上げています。また、当校の入試はたしかに倍率の高い入試で、その内容も行動観察のみという具体的な対策が取りにくいものですが、基本的な対策はほかの入試と変わらない、ということもこの問題からわかるのではないでしょうか。

【おすすめ問題集】

Ｊｒ・ウォッチャー29「行動観察」

問題4　分野：行動観察　協調

〈準備〉　マット、ペットボトル（10本）、ボール（大・中・小）
※問題４の絵のように、あらかじめマットを裏返しにしておき、その上にボーリングのピンとしてペットボトルを並べておく

〈問題〉　※５～６名程度の２グループで実施する。

この問題は絵を参考にしてください。

「これから３種類のボールを渡しますから、そのボールを使ってできるだけ早くペットボトルを倒してください。１人が投げられるのは３回までです。２回目からはペットボトルを自分たちで並べてください。全部のペットボトルを３回倒したら終了です」。

〈時間〉　約10分

〈解答〉　省略

［2020年度出題］

学習のポイント

考えさせる要素を含んだ行動観察の問題です。当校の入試では、こうした課題で細かな指示がありません。ですから、自ら考えて積極的に行動しないとよい評価は得られないでしょう。ボーリングのピンに見立てたペットボトルを、どのように並べると効率よく倒せるのか。どの大きさのボールを誰がどういう順番で投げるのか。といった課題を言われずとも気が付き、対応を考え、グループで相談してから行動するということです。無理に「しきる」ことはありませんが、何が問題になっているのかを理解している（賢い）、相談してから行動している（協調性がある）、問題を解決する手段を提案できる（アイデアが豊か、頭の回転が速い）といったことをアピールしたいなら、ある程度はイニシアチブを取った方がよいかもしれません。

【おすすめ問題集】

Ｊｒ・ウォッチャー29「行動観察」

問題5　分野：制作

創造　話す

〈準　備〉　プラスチックのコップ（透明のもの）、セロハンテープ、折り紙（適宜）、モール、クレヨン、画用紙、のり、ハサミ

〈問　題〉　この問題の絵はありません。

不思議なジュースを飲むと周りの様子が変わります。

①コップの内側に折り紙を貼って、「不思議なジュース」を作ってください。

②そのジュースを飲むと周りの様子はどのようになりますか。画用紙にクレヨンで描いてください。

③制作中または制作後にテスターから質問を受ける。

例）「これは何のジュースですか」

「どうしてこのように周りの様子が変わりるのですか　　」など。

〈時　間〉　制作10分

〈解　答〉　省略

［2020年度出題］

学習のポイント

女子の志願者に出題された「制作をしてから（しながら）、作ったものについて質問される」という流れの制作問題です。作品の出来よりは、作品についての質問に対してきちんと説明できているかということに、保護者の方は注目してください。「きちんと」というのは滑舌の問題ではなく、質問に沿った答えを言えているかということです。当校は超のつく難関校ですから、基本的な会話ができなければ評価の対象にもならない、ぐらいに考えても大げさではないでしょう。会話の流れやテスターとの相性もありますから、こうすればよいというものはありませんが、「何を聞かれているかがわかる」「相手にわかる説明ができる」ということが、この問題のポイントであることに間違いはありません。試験に臨む時には、そのことをあらかじめ伝えておきましょう。

【おすすめ問題集】

実践 ゆびさきトレーニング①②③、Ｊｒ・ウォッチャー22「想像画」

問題6　分野：制作

創造　話す

〈準備〉　クレヨン、画用紙

〈問題〉　この問題の絵はありません。
お話を聞いてください。
ある日、ハリネズミとイモムシが近所に住んでいるヒゲの博士の家に行って相談しました。ハリネズミは「ぼくには硬いトゲが生えていてるから、みんなと仲良く遊べんないんだ。どうしたらよいと思いますか」と聞き、イモムシは「僕は体が柔らかすぎて、みんなと遊ぶと体が潰れてしまうんです。どうしたらよいと思いますか」と聞きました。博士はハリネズミに体が柔らかくなる緑色のスイッチを作り、イモムシに体が硬くなる黄色のスイッチを作ってあげました。２人はよろこんで家に帰っていきました。…ここに博士の作ったスイッチと別のスイッチが２つあります。赤いスイッチは体が10倍の大きさになるスイッチです。青いスイッチは体が鉛筆ぐらいの大きさになるスイッチです。

あなたはどちらのスイッチを押しますか。押した後にやりたいことを絵に描いてください。

※制作中または制作後にテスターから質問を受ける。
例）「（この絵は）何をしていますか」
「どうして（それを）するのですか」など。

〈時間〉　制作10分

〈解答〉　省略

［2020年度出題］

学習のポイント

「お話を聞き、制作をしてから（しながら）、作ったものについて質問される」という制作問題です。こちらは男子の問題です。まずは「大きくなった（小さくなった）自分」ではなく、「大きくなったら（小さくなったら）自分がやりたいこと」を描くという点に注意です。絵の設定が突飛で面白そうなものだけに、勘違いしやすいかもしれません。また、説明の際にも、仮定に仮定を重ねているので、ある程度の空想力、創造力とそれを説明できるだけの語彙、言葉が求められます。この年頃のお子さまなら、そういった空想を受け入れるのは得意でしょうが、説明すること自体に慣れてもいないでしょうし、それを理解させるという状況も体験したことがないでしょう。保護者の方相手で構いません、お絵描きの練習を重ねるより、作品についての説明の練習するようにしておいてください。

【おすすめ問題集】
実践 ゆびさきトレーニング①②③、Ｊｒ・ウォッチャー22「想像画」

2019年度以前の過去問題

問題7　分野：複合（制作・行動観察）

創造　話す

〈準　備〉　紙コップ（４個）、セロハンテープ、ゼムクリップ（適宜）、クレヨン
※問題７の絵のように、紙コップで「マラカス」を作った見本を作っておく。

〈問　題〉　①見本を見てから、紙コップにクレヨンで絵を描く。
②紙コップにゼムクリップを数個入れ、飲み口側同士をセロハンテープで留める。
③できあがったマラカスを両手に持ち、テスターの指示通りに踊る。

〈時　間〉　制作10分　行動観察５分

〈解　答〉　省略

［2019年度出題］

学習のポイント

当校では通常、「制作をしてから（しながら）、作ったものについて質問される」という流れの制作問題が多かったのですが、ここでは制作したものを使っての行動観察が行なわれています。問題の観点しては、制作を含めた指示を理解し、実行できるかということになるでしょう。ほかの制作問題でもそうなのですが、作品の完成度や個性はそれほど評価の対象になっていません。家庭でも、制作・行動観察の指示を守れているかを、もっとも重要なポイントとしてチェックしてしてください。なお、テスターからの踊りの指示は、「音楽に合わせて」「スキップしながら」といった単純な指示だったようです。

【おすすめ問題集】
実践 ゆびさきトレーニング①②③、Ｊｒ・ウォッチャー22「想像画」

問題8　分野：行動観察

協調

〈準　備〉　緑色のマット（１ｍ×２ｍ・４枚）、茶色のマット（50cm×１cm・４枚）
※問題８の絵のように、マットを配置しておく。

〈問　題〉　※５～６名程度の２グループで実施する。
この問題は絵を参考にしてください。
「緑色のマットは『島』です。それ以外のところは『海』なので、茶色のマットを敷かないと渡ることができません。お友だちと相談しながらできるだけ速く、スタートの島からゴールの島まで渡ってください。マットから落ちた人は最初の島に戻ってください」

〈時　間〉　10分

〈解　答〉　省略

［2019年度出題］

学習のポイント

当校入試の最近の傾向の1つである、考えさせる要素を含んだ行動観察の問題です。こういった課題では、単に指示に従っているだけではなく、自分なりに勝つための方法を考えないと楽しむことができず、結果的に積極的に参加しているように見えなくなってしまいます。行動観察では、無理にイニシアチブを取る必要はありませんし、お子さまの性格に沿った行動をとればよいのですが、「自由に行動してよい」という指示でもない限りは、やはり目の前の課題に積極的に向き合う姿勢のほうが評価は高くなります。ここでは「島を渡る」ために、相手チームより機敏に行動するのはもちろんですが、「マットを運ぶ人」「島を渡る人」と役割を分担をしたり、「どのようにマットを並べると最短距離にできるのか」を考えるといった思考力も評価されるでしょう。また、考えたことをどのようにグループのメンバーに伝えるかというコミュニケーションも評価の対象です。

【おすすめ問題集】

Ｊｒ・ウォッチャー29「行動観察」

問題9　分野：行動観察

協調

〈準備〉　ボールスタンド（16個）、ボール（赤色６個、青色６個）
※問題９の絵のように、ボールスタンドとボールを配置し、グループごとに並ぶ。

〈問題〉　※５～６名程度の２グループで実施する。
この問題は絵を参考にしてください。
「１人ずつカゴの中のボールを１つ取って、ボールスタンドに置いてください。縦・横・斜めどのような並び方でも良いので、先にボールを３つ並べて置いたチームの勝ちです」

〈時間〉　10分

〈解答〉　省略

［2019年度出題］

家庭学習のコツ②　「家庭学習ガイド」はママの味方！

問題演習を始める前に、試験の概要をまとめた「家庭学習ガイド（本書カラーページに掲載）」を読みましょう。「家庭学習ガイド」には、応募者数や試験課目の詳細のほか、学習を進める上で重要な情報が掲載されています。それらの情報で入試の傾向をつかみ、学習の方針を立ててから、対策学習を始めてください。

学習のポイント

前問と同じく考えさせる要素を含んだ行動観察の問題です。ポイントはほぼ同じですので、繰り返しになりますが「思考力があり、問題解決の姿勢を持っている」「集団行動を行う上で、問題のないコミュニケーション力を持っている」といった「のびしろ」を感じさせるお子さまには、よい評価が与えられるということになります。
当校入試のここ数年来の変化として、「考えさせる要素」が増えているのは確かですから、行動観察・制作・運動という分野からの出題といっても、従来よりは、そういった経験や学習が準備として必要になっていると言えます。机上で知識や思考力を伸ばす学習と違い、行動観察の問題は、「グループで問題を解決する」状況にお子さまを置かないと多くのことは学べません。保護者の方は、日常生活の中で機会を見つけて、お子さまが「グループで問題を解決する」といった経験を積めるように気を配ってください。

【おすすめ問題集】
　Ｊｒ・ウォッチャー29「行動観察」

問題10　分野：制作（想像画）

創造　話す

〈準 備〉　クレヨン、画用紙

〈問 題〉　この問題の絵はありません。
①「大人になったら何がしたいですか。絵に描いてください」
②（描いている間に質問を受ける）「何を描いていますか」「なぜそれを描いていますか」などの質問を受ける。

〈時 間〉　15分

〈解 答〉　省略

［2019年度出題］

学習のポイント

当校で頻出の「制作をした後に、それについて質問される」という問題です。ほかの小学校入試でもよく見られる課題ですが、倍率の高い当校ですから、質問された時に、「そつのない受け答え」さえしていればよい、というものではありません。もちろん、アーティストを養成しようという学校ではありませんから、作品の出来については年齢相応であればよいのですが、受け答えの中で発想の素晴らしさや、独特の視点といった「個性」をアピールしないと印象に残らないからです。それは相手に「個性」を理解してもらい、なおかつ、よいイメージを持ってもらうという、レベルの高いコミュニケーションをお子さまに要求することになります。お子さまにこういったことを説明しても仕方がありませんから、何度かこういった課題を繰り返す中で、お子さまの素晴らしい個性が伝わるような言葉や話し方を保護者の方が引き出し、身に付くように指導していきましょう。

【おすすめ問題集】
　実践 ゆびさきトレーニング①②③、Ｊｒ・ウォッチャー22「想像画」

問題11　分野：制作（想像画）

創造　話す

〈準備〉　クレヨン、画用紙（大・小各１枚）
※この問題は８人グループで行い、机と椅子を２人１組で対面するように設置し、机の上に大小の画用紙を並べておく。

〈問題〉　この問題の絵はありません。
これから紙芝居をします。静かに聞いてください。
（紙芝居のあらすじ）
「天狗と鬼はいつも仲良しでした。ある日、天狗が『おれの宝物を見せてやろう』と鬼に言いました。鬼は宝物を見ると『なんだいこれは？』と天狗に聞きました。天狗は『これは天狗のうちわだよ』答えました。鬼は面白そうだったので『それを貸してよ』と言いましたが、天狗は『ダメ』と答えました。鬼がなんで貸してくれないの？』と聞くと、天狗は『これは僕ぐらい力が強くないと使えなくて、壊してしまうから』と答えました。次の日、鬼が『おれの宝物を見せてやろう』と言いました。天狗は宝物を見ると『なんだいこれは？』と鬼に聞きました。『これは金棒だよ』と鬼は答えました。天狗はいい武器だと思って、『それを貸してよ』と言いました。鬼は『ダメだよ』と答えました。天狗が『どうして』と聞くと、『これは重いから、慣れていないと危ないんだよ』と鬼は答えました。こうして、鬼と天狗はいつまでも自分の宝物を見せあったそうです」

①あなたの宝物は何ですか。小さな画用紙に描いてください。
　ただし、その宝物は生き物ではないものにしてください。
②その宝物を使ったり、遊んだりしているところを絵に描いてください。
③向かい合った席のお友だちに、宝物の名前と宝物で何をしているのか紹介してください。

〈時間〉　15分

〈解答〉　省略

［2019年度出題］

学習のポイント

お話を聞いてから、絵を描き、それについて発表する問題です。手順は少し複雑になっていますが、前問と同じ趣旨の問題と考えて良いでしょう。前問との違いは「対面しているほかの志願者に絵の意味を教える」という要素が加わっている点です。言い換えれば、入学してから同年齢のクラスメイトに伝わるようなコミュニケーションをとる、という観点が加えられているということなりますが、これは机上の学習や訓練を受け身一方で行っているとなかなか身に付かないものでもあります。保護者の方も実感されているとは思いますが、小学校入試の問題に答えるということと、お子さまがわかるように説明することはまったく別のことです。ここでは説明を受ける志願者がどのくらい人の話を理解できるかわかりませんから、「宝物が～で～という使い方をする」ということを保護者の方が理解できれば及第点としてください。

【おすすめ問題集】
　実践 ゆびさきトレーニング①②③、Ｊｒ・ウォッチャー22「想像画」

問題12　分野：制作（想像画）

創造　話す

〈準　備〉　クレヨン、画用紙

〈問　題〉　この問題の絵はありません。
これからするお話をよく聞いてください。
太郎くんは、いつも学校の帰りに科学者のおじいちゃんの家に寄って行き、遊びます。ある日、いつものようにおじいちゃんの家に行くと、廊下の奥にある実験室に呼ばれました。そこでおじいちゃんに「太郎は何と合体したい？」と聞かれました。あなたは、何と合体したいですか。絵に描いてから発表してください。

〈時　間〉　15分

〈解　答〉　省略

［2019年度出題］

学習のポイント

当校の試験では、制作した絵画や工作について、必ず質問されたり発表したりしますから、この問題のように想像したものについても、言葉にできなければなりません。想像・創造力を豊かにすることも重要ですが、語彙を含めた表現力が当校の試験では必要とされるのです。ですから、繰り返しにはなりますが、作品の質を上げるための訓練はそれほど必要ではなく、「何を描いたか」「なぜ描いたのか」などをたずねられた時に、きちんと答えるだけのコミュニケーション力を鍛えた方がよい、ということになるのです。制作をした時は、保護者の方が作品についてのコメントを述べるのではなく、お子さまに作品を説明してもらうようにしてください。その際は、話の腰を折ることなく、一通り聞いた後で、「～という表現をした方がよい」という指導をしましょう。

【おすすめ問題集】
実践　ゆびさきトレーニング①②③、Ｊｒ・ウォッチャー22「想像画」

問題13　分野：行動観察

聞く　協調

〈準　備〉　平均台、コイン（各自に３枚）、玉入れの道具、なわとび、
積み木（各人数分）
※ドンジャンケンを行なう場所の周りに「なわとび」「玉入れ」「積み木」「クイズ」のブースを設置しておく。

〈問　題〉　この問題の絵はありません。
※この問題は20人程度のグループで行なう。
①２つのチームに別れてドンジャンケンをします。チームごとに平均台の後ろに並んでください。ジャンケンに負けた人は、勝った人に持っているコインを１枚渡してください（５分程度行なう）。
②コインが３枚貯まったら、先生のところに来てコインを渡してください。その後は周りに置いてあるもので遊んでください。

〈時　間〉　15分

〈解　答〉　省略

［2018年度出題］

学習のポイント

グループでの行動観察です。「協調性」「集団行動ができるか」といったことが当校の新たな観点になっていることがよくわかります。前年の問題とよく似ていますが、後半部分が「自由遊び」になっている点が違います。指示を受けての集団行動から、自発的な遊びに移行するということで戸惑うことがないように、最初の指示をしっかり聞き、スムーズに行動できるようにしてください。なお、ドンジャンケンを行なう人数が少なくなった時点で全員が自由遊びを行ったようですので、実際に問題を行なう時は頃合いを見て移行するようにしてください。

【おすすめ問題集】
Ｊｒ・ウォッチャー29「行動観察」

問題14　分野：行動観察

協調

〈準備〉　紙コップ（12個程度）、発泡スチロールの板（30cm×20cm）

〈問題〉　この問題は絵を参考にしてください。
※５～６名程度の集団で実施する。
（問題14の右端の絵を見せて）
この見本のように紙コップを積んでください。
※以下、中央の絵、左端の絵も同様に指示する。

〈時間〉　10分

〈解答〉　省略

［2018年度出題］

学習のポイント

ほかの学校でもよく見られる、オーソドックスな行動観察の出題です。当校を受験しようとするお子さまなら、指示を守ることは当然できるでしょうから、イニシアチブをとるぐらいに積極的に行動するようにしましょう。悪目立ちしてはいけませんが、志願者の多い試験ですから何らかのアピールは必要と考えてください。ほかの志願者との違いを見せるとともに行動で「のびしろ」を見せなければ、テスターの印象に残りません。通常なら「指示を理解して、指示を守って行動する」ということで合格ラインに乗るはずの問題でも、当校では、そこになんらかのプラスアルファが必要になるということです。

【おすすめ問題集】
Ｊｒ・ウォッチャー29「行動観察」

問題15　分野：制作（想像画）

創造　話す

〈準　備〉　クレヨン、画用紙

〈問　題〉　この問題の絵はありません。
これからロボットの絵を描いてもらいます。ロボットの体には必ず「ボタン」を１つ描いてください。
※絵を描いた後、「ボタンを押すとどのようになるのか」を質問される。

〈時　間〉　15分

〈解　答〉　省略

［2018年度出題］

学習のポイント

制作した絵画や工作について後に質問される、当校では頻出する制作の問題です。特に変わったことを言う必要はありませんが、「ボタンを押すとどのようになるのか」という質問の後に、「なぜそのような機能をつけたのか」という質問が続くということを予想しておいたほうがよいでしょう。これは内容を聞くのが主な目的ではなく、コミュニケーションをスムーズに取れるかどうかが目的の質問です。発想がいくら面白くてもそれが伝わらなければ仕方ありませんから、受験のために用意した言葉ではなく、自分の考えた言葉で質問に答えましょう。

【おすすめ問題集】
実践 ゆびさきトレーニング①②③、Ｊｒ・ウォッチャー22「想像画」

問題16　分野：制作・お話作り

創造　話す

〈準　備〉　クーピーペン、画用紙、ハサミ、のり

〈問　題〉　（問題16-２の絵を渡し、問題16-１の絵を見せる）
「？」のところには女の子の違う顔が入ります。渡した紙から１つ顔を選んで、ハサミで切り取り、のりで貼ってください（問題16-１の絵を渡す）。
（作業の後で）どうして女の子の顔はそのように変わったのですか。お話してください。

〈時　間〉　15分

〈解　答〉　省略

［2018年度出題］

家庭学習のコツ③　効果的な学習方法～問題集を通読する

過去問題集を始めるにあたり、いきなり問題に取り組んではいませんか？　それでは本書を有効活用しているとは言えません。まず、保護者の方が、すべてを一通り読み、当校の傾向、ポイント、問題のアドバイスを頭に入れてください。そうすることにより、保護者の方の指導力がアップします。また、日常生活のさまざまなことから、保護者の方自身が「作問」することができるようになっていきます。

学習のポイント

女子に出題された制作とお話の複合問題です。顔を切り抜いて貼った後の質問がお話づくりを求めるものになるわけですが、最初の説明を聞いた時に、「作った後の質問」をある程度想像しておかなければ答えに困ってしまうかもしれません。小学校受験としてはかなり複雑な指示のある問題ですから、多少の戸惑いはあって当然です。ですが当校の試験ではこうした問題にスムーズに答えるだけの能力が要求されているということも、保護者の方は意識ておきましょう。なお、ハサミ・のりを使う工作は時折出題されていますので、道具の扱いについては一通り学習しておいてください。

【おすすめ問題集】
実践 ゆびさきトレーニング①②③、Ｊｒ・ウォッチャー22「想像画」

問題17　分野：制作

創造　話す

〈準 備〉　画用紙（２枚）、折り紙（黒）、クレヨン、のり、絵を立てるフレーム、

〈問 題〉　この問題の絵はありません。
①見本を見てから折り紙でオニギリを折る。
②画用紙の中央にオニギリをのりで貼り、その周りに自分の好きな「お弁当のおかず」を描き、フレームに飾る。
③そのお弁当を持って行きたい場所の絵をクレヨンで描き、フレームの前に置く。
④「誰と一緒に行くか」「何をするか」などの質問を受ける。

〈時 間〉　20分

〈解 答〉　省略

［2018年度出題］

学習のポイント

男子に出題された、当校で頻出の「制作→質問」という問題です。当校としてはやさしい問題ではありますが、作業時間が短く、工程が多いため、手早く行わないと時間内に収まりません。ある程度は、こうした作業に慣れておいたほうが有利でしょう。もちろん、作品の出来不出来はそれほど評価されず、④の質問に対する受け答えがポイントになっている点は、ほかの制作問題と変わりありません。発想力の豊かさとともに、それを的確に説明できるだけの語彙を身に付けておく必要があります。

【おすすめ問題集】
実践 ゆびさきトレーニング①②③、Ｊｒ・ウォッチャー22「想像画」

家庭学習のコツ④　効果的な学習方法～お子さまの今の実力を知る

１年分の問題を解き終えた後、「家庭学習ガイド」に掲載されているレーダーチャートを参考に、目標への到達度をはかってみましょう。また、あわせてお子さまの得意・不得意の見きわめも行ってください。苦手な分野の対策にあたっては、お子さまに無理をさせず、理解度に合わせて学習するとよいでしょう。

問題18　分野：制作

創造　話す

〈準備〉　模造紙（30cm×30cm）、色画用紙（赤・青・緑）、画用紙、クレヨン、ハサミ、、モール

〈問題〉　この問題の絵はありません。
①見本を見てから、模造紙でバッグの本体部分（箱）を作る。
②本体部分の側面に自分の好きな色の色画用紙をノリで貼り、モールを取手として付ける。
③そのバッグを持って行きたい場所の絵をクレヨンで描く。
④制作中に「誰と一緒に行くか」「何をするか」などの質問を受ける。

〈時間〉　15分

〈解答〉　省略

［2018年度出題］

学習のポイント

こちらは女子に出題された「制作→質問」という問題です。やはり、当校としてはやさしい問題ではありますが、手早い作業が必要な点は共通しています。ここでは制作中に質問を受ける形となっていますので、作業を中断してその質問に答えてください。タイミングを見計らって質問されるとは思いますが、作業の途中だとしても、作品の制作より、「相手の話を理解して、それに則した答えを言う」という能力を示す方が当校の入試では大切だからです。

【おすすめ問題集】
実践　ゆびさきトレーニング①②③、Ｊｒ・ウォッチャー22「想像画」

問題19　分野：行動観察

聞く　協調

〈準備〉　平均台

〈問題〉　この問題の絵はありません。
①２つのチームに別れてドンジャンケンをします。チームごとに平均台の後ろに並んでください。ジャンケンに負けたり、平均台から落ちた人は元いた列の１番後ろに並んでください（５分程度行なう）。
②先生を中心にして、全員で輪になります。先生が持っている太鼓を２回鳴らした時は、１人のお友だちと手をつなぎ、２人組になって座ってください。３回鳴らした時は、２人のお友だちと手をつなぎ、３人組になって座ってください。では始めましょう（数回繰り返す）。

〈時間〉　20分

〈解答〉　省略

［2017年度出題］

学習のポイント

グループでの行動観察です。前でも少し述べた通り、「協調性」「集団行動ができるか」といったことが当校の新たな観点になっていることがわかります。これらのことは直前に何をしても余り効果がなく、伸ばすためには、生活体験を積み、コミュニケーションをとり、その中で学んでいくほかありません。保護者の方は、「みんなと仲良くしなさい」といった直接的な指導ばかりではなく、「経験」を積む場をお子さまに与えることを意識してください。その「経験」は幼児教室で同種の問題に取り組むことだけを指しているのではなく、ふだんの外出や幼稚園や保育での活動にも含まれているものです。

【おすすめ問題集】
Ｊｒ・ウォッチャー29「行動観察」

問題20　分野：自由遊び

協調

〈準 備〉　予め、問題20の絵を参考にして、遊具の準備をする。
※25名程度の集団で実施する。
・「ミニピアノ」
…マットを敷き、その上にミニピアノ置き順番に遊ぶ。
・「輪投げ」
…輪投げの的に１m程度離れた線から輪を投げる。
・「的当て」
…ボールを数個カゴに入れ、的から３m離れた位置に設置する。
・「ミニカー、飛行機・電車のおもちゃで遊ぶ」
…マットの上に地図が描かれた模造紙を設置、その上にいくつかのミニカー、飛行機・電車のおもちゃなどを置いておく。

〈問 題〉　**この問題は絵を参考にしてください。**
ここにあるものを使ってお友だちと仲良く遊んでください。
（20分後）
はい、終わりです。後片付けをしましょう。

〈時 間〉　20分

〈解 答〉　省略

［2017年度出題］

学習のポイント

いわゆる「自由遊び」ですが、前問と同じく「協調性」を観点とした問題として捉えてください。もちろん、積極性も観られていますから、迷ったり、遠慮したりするのもよくありませんが、「ほかの志願者に対する思いやりがない」と思われるのは、もっとよくありません。１つのものにこだわって遊び、他人の邪魔になったり、おもちゃの奪い合いなどをしないように行動しましょう。当校の試験ではこの程度のことなら、「自然にできる」のが理想です。当校の試験は「入試対策などをしてお子さまに過度の負担をかけない」「お子さまのふだんの姿を観る」という趣旨で現在のような形式になっています。試験のために訓練した様子などが見えると、かえって悪い評価を得てしまうのです。

【おすすめ問題集】
Ｊｒ・ウォッチャー29「行動観察」

問題21　分野：制作

創造

〈準備〉　クーピーペン、画用紙、「○」「△」「□」の押せるスタンプ

〈問題〉　この問題の絵はありません。
（机の上にスタンプを３つ置く）
この３つのスタンプを使って絵を描いてもらいます。
スタンプは３つとも使ってください。

（作業中に以下の質問をする）
・何を描いていますか。
・どのように使いますか（前の質問の答えによって質問が変わる）

〈時間〉　15分

〈解答〉　省略

［2017年度出題］

学習のポイント

３つのスタンプを使って、考えて絵を描く問題です。何を描くか、しっかりと考えてから作業に取りかかりましょう。この問題には使われませんが、小学校受験では鉛筆のほかにもクレヨンやペンといった筆記用具、のりやはさみなどの工作道具の使い方もチェックされます。線や図形からはみ出さずに色を塗れるか、指示通りきちんと切れるかどうか、ふだんから練習しておいた方が無難です。
作業中の質問は、１人のテスターではなく複数のテスターから質問があったケースもあったようです。切り口が違う質問をされてもあわてないように、相手の質問内容を理解した上で、それに沿った答えをすることを心がけておきましょう。

【おすすめ問題集】
実践 ゆびさきトレーニング①②③、Ｊｒ・ウォッチャー22「想像画」

問題22　分野：行動観察（集団ゲーム）

協調　考え

〈準備〉　ボール（大１個、小２個）、筒（小のボールが載る太さ）、フープ、マット

〈問題〉　この問題は絵を参考にしてください。
（5人程度のグループで行います）

マットの上に置いてある大きなボールをフラフープの中に入れて地面に置きましょう。次に大きなボールの上に、筒を載せましょう。筒を乗せたら、ボールが転がらないように筒の上に小さいボールを置き、その上にもう１つ筒を積み重ねます。
ボールが転がってフラフープから出てはいけません。みんなで協力して、ボールが転がらないようにしましょう。

〈時間〉　適宜

〈解答〉　省略

［2016年度出題］

学習のポイント

当校では過去にあまり出題されたことのない、グループでの行動観察です。個人の場合は、しつけが行き届いているか、話を聞けるかといった点が評価されますが、集団では他の子どもたちと仲良く、楽しく遊べるかどうかといった、グループ全体の雰囲気も評価の対象です。日頃から家族や友だちとのびのびと遊び、知らない子と遊ぶ機会を積極的に作っていけば、試験当日に萎縮して実力を出せないといったことにはならないでしょう。

【おすすめ問題集】

Ｊｒ・ウォッチャー29「行動観察」

問題23　分野：制作

創造　考え

〈準 備〉　画用紙、クレヨン、紙皿、毛糸、モール、色紙

〈問 題〉　この問題の絵はありません。

①（紙皿、毛糸、モール、色紙を渡して）あなたの好きな人が笑っている顔を作ってください。

②（作っている途中に先生が来て、質問される）その人はどんな時にそんな顔になりますか。

③（顔ができあがったら、画用紙、クレヨンを渡す）顔を作った人が笑顔になる時を絵に描いてください。

〈時 間〉　適宜

〈解 答〉　省略

［2016年度出題］

学習のポイント

ただ描くだけではなく、子どもの実体験に基づいた絵を求められます。当校の試験では、制作した絵や工作について、先生に必ず質問されます。子どもの想像力を豊かにすることは一朝一夕でできることではありません。お子さんが絵を描いたら、何を描いたのか、誰が何をしているのかといった質問をして、興味を持ってあげましょう。絵が苦手でなかなか筆が進まないというお子さまには、逆にテーマを与えてみたり、描いてほしいものを伝えて、目標を決めてあげるのも有効です。

【おすすめ問題集】

実践 ゆびさきトレーニング①②③、

Ｊｒ・ウォッチャー22「想像画」、23「切る・貼る・塗る」

問題24　分野：制作

創造

〈準備〉　紙コップ、竹串、タコ糸、紙、セロテープ

〈問題〉　**この問題は絵を参考にしてください。**
これから紙コップのけん玉を作りましょう。

①紙コップの底に、竹串で穴を開けます。
②穴にタコ糸を通して、内側をセロテープで止めます。
③紙を丸めてボールを作ります。
④タコ糸の、紙コップがついていない方に丸めた紙をセロテープで貼り付けます。
⑤けん玉の完成です。紙のボールをコップの中にうまく入れて遊びましょう。

〈時間〉　適宜

〈解答〉　省略

［2016年度出題］

学習のポイント

さまざまな道具を使って、指示されたものを作る問題です。説明を聞き逃さず、指示通りに物が作れるようにしましょう。この問題では使いませんが、問題によっては鉛筆のほかにもクレヨンやペンといった筆記用具、のりやはさみなどの工作道具の使い方もチェックされます。線や図形からはみ出さず塗れるか、指示通りきちんと切れるかどうか、ふだんから練習しておくことは必須です。
作品を作った後は実際にこのけん玉で遊びます。先生は遊ぶ様子もチェックしていますが、ただおとなしくしているだけではなく、子どもらしく元気に遊んでいるかどうかも見ていると考えられます。自分で作ったおもちゃで遊ぶという経験はあまりないと思われますので、周りの志願者に迷惑をかけない程度に、しっかりと楽しむといった意識で良いでしょう。

【おすすめ問題集】
実践 ゆびさきトレーニング①②③、
Ｊｒ・ウォッチャー23「切る・貼る・塗る」

問題25　分野：行動観察（集団ゲーム）

協調　考え

〈準備〉　段ボール・大きいブロック・箱（白・茶）

〈問題〉　**この問題の絵はありません。**
これから５人のお友だちが１組になって、大工さんになったつもりでお城の門を作ってもらいます。お手本の形をよく見ながら、５人で力を合わせて作ってください。太鼓が鳴ったら途中でもすぐに作業をやめましょう。

〈時間〉　適宜

〈解答〉　省略

［2015年度出題］

学習のポイント

５人一組で先生のお手本を見ながらお城の門を作り、でき上がったら門をくぐったりして遊び、途中で先生もお手伝いをしてくれます。どの課題でも取り組み方の例としてお手本を示され、それに基づいてお友だちと協力し合いながら作品を作り上げていく、でき上がった作品だけでなく、むしろそれを作っている過程を重視しています。作業を進めるなかでお友だちの意見に耳を傾け、自分の意見もしっかりと言い、先生から出された指示を正しく理解し行動ができているか、そういったところが評価のポイントとなっています。日常生活でも人の話をきちんと聞き、自分の考えをきちんと伝え、１人でも多くのお友だちと関わっていけるようにしておきましょう。

【おすすめ問題集】
Ｊｒ・ウォッチャー29「行動観察」

問題26　分野：行動観察（集団ゲーム）

話す　知識

〈準 備〉　問題26の絵は前もって枠線にそってハサミで切り離し、カードにしておく
※机の上に伏せて並べておく

〈問 題〉　これから「私は誰でしょう？」というクイズをします。
①出題者は伏せてあるカードの中から１枚だけとります。
②取ったカードを相手に見えないようにして自分だけカードに描いてある絵を見ます。
③描いてある絵の名前は言わずにヒントを出します。相手はそのヒントを頼りにその名前を当てます（出題する方と答える方を交互に行います）。

〈時 間〉　適宜

〈解 答〉　①ウツボ
②カタツムリ
③コイノボリ
④ヒマワリ

［2015年度出題］

学習のポイント

お子さまにとっての「ウツボ」の知識は、「海にすんでいて、魚なのに体がヘビみたいで、いつも岩の間に隠れていて歯がギザギザしてこわ～いもの」といった程度の表現・理解でよいでしょう。この問題の観点は、（ヒントを出すための）知識を問うというよりも、「対面する人に言葉で何かを伝える能力」の比重が高い問題と思われますから、「ウツボ」のことがよくわからなくても、見た絵を言葉で説明できれば問題ないということです。むしろ、「わかってもらおう」という姿勢を見せるということがより重要なるはずです。とは言え、当校の入試は志願者が多く、競争の激しい入試です。知識があればより有利なのは間違いありません。日頃からさまざまなものや事柄に興味を持ち、「なんだろう？」と思ったことをすぐに聞いたり図鑑などで調べたりたくさんの本を見たりすることで、楽しく知識をひろげていけるようにしておきましょう。

【おすすめ問題集】
Ｊｒ・ウォッチャー29「行動観察」

問題27　分野：制作（指示画）

創造　考え

〈準　備〉　小さめのおもちゃ・画用紙・クレヨン

〈問　題〉　**この問題の絵はありません。**

室内に手のひらサイズのゼンマイ仕掛けのおもちゃ（恐竜・ひよこ・カメ・カメレオン・サメ・ピエロ・クジラ・カエル・イモムシ・リス・ピノキオなど）などが用意されている。

①ここにさまざまなおもちゃが置いてありますから、自分の好きなおもちゃで自由にお友だちと遊んでください。

「やめ」の合図があったら、遊びを止めて自分の場所に戻ってください。

＊しばらく遊んだ後出題される。

②今みんなが遊んでいたおもちゃたちは、夜になってみんなが寝てしまった頃になると本当は動き出して、おもちゃどうしでお話をしたり遊んだりします。もちろんあなたともお話ができます。そんなときあなたはどのおもちゃと何をして遊びたいですか。あなたとおもちゃが遊んでいるところを絵に描いてみましょう。

☆テスターからの質問（絵を描いている途中で質問する）

①これは何をしているところの絵ですか。

②どうしてこのおもちゃを選びましたか。

〈時　間〉　適宜

〈解　答〉　省略

［2015年度出題］

学習のポイント

本問で求められているのは子どもらしい自由な創造力・発想力・表現力だと思われます。ここでは正しい答えなどはなく、それぞれのお子さまが思い描いたことはすべて正解です。自分の描いた作品に対して「何を描いたのか」「どうしてそのおもちゃを選んだのか」など、お子さま自身が描きたいと思っている気持ちをしっかりと言葉で伝えられることが大切です。子どもらしい自由で大胆な発想力や、創造力を発揮できるようにしていくひとつの方法として、本の読み聞かせやお話作りがあげられます。できるだけ多くの本やお話と出会うことで、創造力や表現力を育てていけるように導いていきましょう。

【おすすめ問題集】

実践 ゆびさきトレーニング①②③、

Ｊｒ・ウォッチャー23「切る・貼る・塗る」、24「絵画」

問題28　分野：制作（指示画）

創造　考え

〈準備〉　クレヨン・ハサミ・のり・画用紙（A4の4分の1位の大きさ）
おもちゃ（適宜）

〈問題〉　※あらかじめ机の上に手のひらサイズのゼンマイ仕掛けのおもちゃ（恐竜・ヒヨコ・カメなど）を置いておく。

これから宝物を入れる箱を造ります。わたしのお話をよく聞いてその通りにしてください。
☆宝箱
（問題28の絵を渡して）
①箱に自分の好きな色を塗ってください。花柄や縞模様など自由に描いて良いですよ。
②色が塗れたら黒い太い線にそってハサミで切り抜いてください。
③点線のところで折って箱になるように組み立ててください。この時、色を塗った方が外側になるように気をつけてていねいに折りましょう。
④のりしろにのりを付けて貼り付けたら、宝箱の完成です。
☆宝物
①画用紙にあなたの思い出の品（生き物でもおもちゃでもよい）や思い出に残っている出来事の絵を描いてください。
②絵が描けたら宝箱に入れてください。
☆テスターからの質問（絵を描いている途中で質問する）
①これは何の絵を描いたのですか。
②どんな思い出ですか。

〈時間〉　適宜

〈解答〉　省略

［2015年度出題］

学習のポイント

どの課題でも取り組み方の例としてお手本を示されていますから、宝箱の作り方の説明をしっかり聞いていれば箱の作り自体はそれほど難しくはありません。どれだけ集中してお話を聞きその内容を理解し指示通りに行動できているかが重要です。また箱に入れる宝物について「何を描いているのか」「どんな思い出なのか」と聞かれた時に、描きたいと思っていることや自分の考えをしっかりと伝えることが大切です。答える時に詰まってしまったり、言い間違えて訂正するようなことがあっても評価そのものに影響することはありません。型にはめられそつなくこなすことより、子どもらしく元気に溌剌と楽しく試験に臨むことが大切です。

【おすすめ問題集】
実践 ゆびさきトレーニング①②③、
Ｊｒ・ウォッチャー23「切る・貼る・塗る」、24「絵画」

問題29　分野：制作

創造　考え

〈準　備〉　Ａ5の画用紙１枚・クレヨン・ノリ・ハサミ

〈問　題〉　（問題29の絵を渡して）
海にもぐって楽しく遊んでいるところの絵を描いてください。
①海の絵に色を塗ってください。
②海の中で「一緒に遊びたいな」と思う生き物を画用紙に描いてください。いくつ描いても良いですよ。
③画用紙に描いた絵をハサミで切り抜いて、海の絵に貼り付けてください。
☆テスターからの質問（絵を描いている途中で質問する）
①何をして遊んでいるところですか。
②その生き物のどんなところが好きですか。

〈時　間〉　適宜

〈解　答〉　省略

［2015年度出題］

学習のポイント

子どもは大人では思いも及ばないような空想の世界を作り出す名人です。自分だったら「これだ！」と思うものを想像力・空想力を持ってイメージして表現する楽しい課題です。テスターからの質問は絵が未完成の状態の時に発せられますが、絵が未完成であっても、描きたいと思っていることを言葉でしっかりと伝えることができれば、充分に自分が表現したいと思っている気持ちは伝わります。本問で求められているのは作品の出来不出来より、積極的に楽しみながら取り組む姿勢やていねいにものごとをすすめる態度など、日常生活の中で日々培われる要素ばかりです。内容をそつなくこなすということではなく、子どもらしくいきいきと物事に積極的に取り組んでいけるように導いていきましょう。

【おすすめ問題集】
実践 ゆびさきトレーニング①②③、
Ｊｒ・ウォッチャー23「切る・貼る・塗る」、24「絵画」

問題30　分野：制作

創造　考え

〈準　備〉　クレヨン、画用紙、ハサミ

〈問　題〉　この問題の絵はありません。

あなたは飛行機に乗って、南の島の探検に出かけました。ところが、たいへん！飛行機のエンジンがこわれて違う島に着陸してしまいました。飛行機の外に出たあなたはこんな時、１番はじめに何をすると思いますか。　例えば「飛行機をなおそうとするとか」「だれか助けてくれそうな人をさがすとか」ほかにもいろいろありますね。あなたが１番はじめにすると思うことを、絵に描いてみてください。

☆テスターからの質問（絵を描いている途中で質問する）

①何を描いていますか。

②どうして１番はじめに「それ」をしようと思ったのですか。

〈時　間〉　適宜

〈解　答〉　省略

［2015年度出題］

学習のポイント

状況を判断して「今、何をするべきか」を考え、その場の状態を想像して、ただちにそれを絵に描くというなかなかの難問です。状況判断をして何をするべきかを考え行動できる子どもに育てるために、日頃より必要以上に依存心・依頼心を持たせないように、ご家庭内でも自立心を高めるような工夫をしていきましょう。なんでも周囲の大人が「どうすればよいか」「何をするか」などについて指示を与えたり大人の言うとおりにさせるだけでなく、お子さま自身に考えさせたり自分の考えをきちんと言葉で表現できるようにすることが大切です。こうしたことは一朝一夕にできるものではありません。日常の中でお子さまと対話する姿勢を見直して、お子さまが自分で考え、その理由を相手に伝える大切さや楽しさを身に付けていけるようにしていってください。

【おすすめ問題集】

実践 ゆびさきトレーニング①②③、

Ｊｒ・ウォッチャー23「切る・貼る・塗る」、24「絵画」

問題31　分野：行動観察（集団ゲーム）

協調　考え

〈準備〉　青・赤・黄色の３枚のカード、太鼓

〈問題〉　**この問題は絵を参考にしてください。**
※この問題は20人程度のグループで行う。
※問題31の絵のように、志願者の足元に赤・青・黄色の３枚のカードを置いておく。
①これから太鼓を叩きますから、太鼓のリズムに合わせて、スキップしてください。
②太鼓のリズムをいったん止めた後、何回か太鼓を叩きます。
太鼓を叩いた回数で、次のようにカードを踏んでください。
・１回叩く…赤いカードを踏む。
・２回叩く…青いカードを踏む。
・３回叩く…黄色いカードを踏む。
・４回叩く…赤いカードと黄色いカードを踏む。
・５回叩く…青いカードと黄色いカードを踏む。
・６回叩く…赤いカードと青いカードを踏む。
（３回程度繰り返す）

〈時間〉　適宜

〈解答〉　省略

［2014年度出題］

学習のポイント

サーキット運動の後に行われる行動観察の問題です。協調性を求められる課題も出題されますが、本問題のようにやや指示は複雑でも、理解すれば問題なく行えるもののほうが多いようです。ここでは個性を発揮するのではなく、理解力の高さを見せるように心がけましょう。当校の入試における行動観察は、「競争する」という形をとることが多いのも特徴ですが、この問題にはその要素はありません。月齢の比較的低いグループに対して出題されました。

【おすすめ問題集】
Ｊｒ・ウォッチャー29「行動観察」

問題32　分野：行動観察（集団ゲーム）

協調　考え

〈準備〉　平均台、３色のボール適宜（バレーボール大のもの）をカゴの中に入れておく、アクリル製の透明な筒３本

〈問題〉　この問題は絵を参考にしてください。
※この問題は20人程度のグループで行い、あらかじめグループを２つに分けておく。
※問題32の絵のように、平均台を設置し、その近くにアクリル製の筒３本を置いておく。
①これからドンジャンケンをします。勝った人は、カゴからボールを取り出し、筒に入れてください。負けた人は、チームの列の一番後ろについてください。
②同じ色のボールが縦・横・斜めのいずれかで１列に並べば、そのチームの勝ちです。

〈時間〉　適宜

〈解答〉　省略

［2014年度出題］

学習のポイント

前問と同じく行動観察の問題です。ここでは「（チームで）競争する」という当校の行動観察問題の特徴がよくあらわれています。やはり指示は一捻りされていて、ボールを一列に並べることを考えながら、勝った場合にどこにボールを入れればいいのかを考えなければなりません。特に指示はなかったようですので、ドンジャンケンをしている他の志願者に声をかけてもよかったようです。積極的に行動すべきかどうかは、指示をよく聞いて判断しましょう。

【おすすめ問題集】
　Ｊｒ・ウォッチャー29「行動観察」

問題33　分野：制作（指示画）

創造　考え

〈準備〉　クレヨン、画用紙

〈問題〉　この問題は絵を参考にしてください。
※問題33のイラストのように横３分の１を折っておく。
渡した画用紙に絵を描いてください。画用紙を開くと描かれたものが別のものに変わるように絵を描いてください。

〈時間〉　適宜

〈解答〉　省略

［2014年度出題］

学習のポイント

例えば、トカゲだと思ったらヘビの絵だったというふうに「折ってある紙を開いたら別のものに変わる絵を描く」という指示はかなり難しいものだと思います。この問題はテスターからの指示の後、絵を描くので、例が示された場合はその真似をしないこと、例が示されなかった場合は発想力を発揮することが重要になるでしょう。このような問題に対しては特効薬はありません。ふだんからお子さまの創造力を育てていくことを念頭において、日常生活でお子さまの能力を育んでいきましょう。また、当校の入試では恒例ですが、この問題でも絵を描いている時に試験官から「何を描いているの？」と質問があったようです。

【おすすめ問題集】
実践 ゆびさきトレーニング①②③、
Ｊｒ・ウォッチャー23「切る・貼る・塗る」、24「絵画」

問題34　分野：制作

創造　考え

〈準備〉　クレヨン、画用紙、粘土（８色）

〈問題〉　この問題の絵はありません。
①粘土で、お店に売っているものを作ってください。
②粘土で、作ったものを絵に描いてください。

〈時間〉　適宜

〈解答〉　省略

［2014年度出題］

学習のポイント

粘土の制作と絵の制作を両方行う問題です。器用さを観ている問題ともとれますが、おそらくは発想の自由さや年齢相応の知識を持っているかどうかも観点となっているでしょう。この問題でも絵を描いている時に試験官から質問がありましたが、創造力のみを問う課題ではないので「これは何で、どこで売っているものか」ということにきちんと答えなければなりません。作品の出来不出来は評価とは無関係とは言いませんが、「自分の制作物を説明することにも同じくらい比重が置かれている」と考えた方が的確な受け答えができるでしょう。

【おすすめ問題集】
実践 ゆびさきトレーニング①②③、
Ｊｒ・ウォッチャー23「切る・貼る・塗る」、24「絵画」

問題35　分野：制作

創造　考え

〈準備〉　クレヨン、画用紙、ハサミ

〈問題〉　この問題は絵を参考にしてください。
※あらかじめ、画用紙に問題35のイラストのように線を描いておく。
①「うれしかったこと」の絵を画用紙に描いてください。
②絵を描いた後、画用紙に書かれた線にそってハサミで切ってください。
③切ったものをバラバラにした後、もう一度並べてください。

〈時間〉　適宜

〈解答〉　省略

［2014年度出題］

学習のポイント

パズルの要素が入った課題ですが、それ自体はそれほど難しいものではありません。また、パズルが並べられるかということも重要な観点ではなく、試験を楽しいものにする工夫の１つと考えれば良いでしょう。
この問題を含めて、当校の絵の課題は、抽象的なテーマが多く、「何を描くか」という点で発想力を問われるものがほとんどです。ユニークでこれからの「のびしろ」を感じさせるものが描ければ良いですが、試験の場でそういうテーマを思いつくことは至難の業です。よほど余裕があれば別ですが、まずは指示をよく理解すること、そして、何が描いてあるのかをわからせるコミュニケーション力を身に付けることを目標にしてください。

【おすすめ問題集】
実践 ゆびさきトレーニング①②③、
Ｊｒ・ウォッチャー23「切る・貼る・塗る」、24「絵画」

問題36　分野：制作

聞く　創造

〈準備〉　画用紙、クレヨン

〈問題〉　この問題は絵を参考にしてください。
※あらかじめ、画用紙に問題36のイラストのように画用紙に「家」の絵を描いておく。
・ あなたが「住みたいお家」と「一緒に住みたい人」の絵を描いてください。

〈時間〉　適宜

〈解答〉　省略

［2014年度出題］

学習のポイント

この問題でも「これはどのような家ですか」、「（人の絵を指さして）これは誰ですか」「どうしてこの人と一緒に住みたいですか」といった質問があったようです。比較的具体的な対象を描かせるこのような課題では、絵の巧拙以上に、こういった質問に対する的確な答えが必要になります。当校の入試に限ってはそれ以上の答えが要求されるという人もいますが、それをお子さまにいきなり要求するのは酷というものです。まずは何が描いてあるかがわかるぐらいの最低限の巧緻性と、コミュニケーションの基本である受け答えを身に付けていきましょう。

【おすすめ問題集】

実践 ゆびさきトレーニング①②③、新口頭試問・個別テスト問題集、
Ｊｒ・ウォッチャー23「切る・貼る・塗る」、24「絵画」

問題37　分野：運動（サーキット）

集中　聞く

〈準備〉　問題37の絵のように、マット、コーンなどを配置しておく

〈問題〉　この問題は絵を参考にしてください。
これから見本を見せるのでその通りに真似をしてください。
①スタートの線からマンボウの絵が描いてあるコーンまでケンケンで行ってください。
②マットで前転をしてください。
③床に書いてある○からはみ出さないようにケンパーをしてください。
④ケンパーが終わったらダッシュしてください。合図をしたら、止まってください。

〈時間〉　適宜

〈解答〉　省略

［2013年度出題］

学習のポイント

サーキット運動の１つの例です。この年度は頭にエビのお面をした試験官が指示、カニのお面をした試験官が見本を示しました。楽しい雰囲気で行おうという学校側の工夫が見えます。このような問題なら、指示にきちんと従うのは当たり前ですが、積極的に課題に取り組む姿勢も同時に見せることが当校の試験ではさらに大事です。多数の志願者の中で、目立とうするとかえって悪い印象を与えてしまうことがありますが、積極性をアピールすることはマイナスになりません。

【おすすめ問題集】

新運動テスト問題集、Ｊｒ・ウォッチャー28「運動」

問題38　分野：制作（指示画）

話す　創造

〈準備〉　クレヨン

〈問題〉　**この問題は絵を参考にしてください。**
（問題38の絵を渡して）上の段の左端の絵を見てください。これは玄関のドアです。
①下の段に「ドアを開けたら何があるか」を描いてください。
②横の空いているところの上の段に「開けるもの」を、下の段に「それを開けたら何があるか」を描いてください。
（②の作業中に「なにを描いていますか。」と質問する）

〈時間〉　適宜

〈解答〉　省略

［2012年度出題］

学習のポイント

課題途中の質問は下段の絵（～を開けたらあるもの）に関してです。「～を開けたら～があったところです」というふうに、きちんと文章で答えるのはもちろんですが、何か印象に残るようなことが言えればなおよいでしょう。絵の巧拙は問題ではありません。発想のユニークさや的確な思考力を質問の際に表現することのほうが、当校の試験では大切です。

【おすすめ問題集】
実践 ゆびさきトレーニング①②③、新口頭試問・個別テスト問題集
Ｊｒ・ウォッチャー24「絵画」

問題39　分野：運動（サーキット）

集中　聞く

〈準備〉　コーン７本、マット、東京タワーとスカイツリーの写真、帽子（緑色）

〈問題〉　**この問題は絵を参考にしてください。**
イラストのようにマットとコーンを設置する。コースの両端のコーンには東京タワーとスカイツリーの写真が付けられている。

①（東京タワーからスタート）スキップしてスカイツリーにタッチして東京タワーに走って戻ってください。
②（東京タワーからスタート）マットでいもむしゴロゴロをしてください。その後にコーンの外側をジグザクに走って、スカイツリーにタッチして東京タワーに戻ってください。
③スタートで緑色の帽子をかぶせてもらったら、静かにほかのお友だちが終わるの待っていてください。

〈時間〉　適宜

〈解答〉　省略

［2012年度出題］

学習のポイント

最近の当校では珍しいサーキット運動です。競走の要素もありませんから、指示をきちんと把握できれば問題ないでしょう。あえて挙げれば、東京タワー、スカイツリーの違いがわかっているかどうかですが、机上の学習だけでなく日常生活の中でも知識を蓄える習慣があれば、自然と身に付いている知識ではないでしょうか。

【おすすめ問題集】
新運動テスト問題集、Ｊｒ・ウォッチャー28「運動」

問題40　分野：行動観察（集団ゲーム・パズル）

協調　考え

〈準備〉　スポンジ・ブロック適宜

〈問題〉　この問題の絵はありません。
①これから、５人１組でスポンジ・ブロックのスカイツリーを作ってもらいます。（見本を見せる）では、はじめてください。
②スカイツリーを組み立て終わったらみんなで協力して、次にできるだけ高くスポンジ・ブロックを積み上げてください。

〈時間〉　適宜

〈解答〉　省略

［2012年度出題］

学習のポイント

ここでも「競争」のある行動観察の問題です。お友だちと協力してスムーズに作業すること、積極的にイニシアチブを取ることが同時に行えるとよいでしょう。試験を受けるお子さまにとっては、年齢的にかなり難しいことかもしれません。幼稚園や日常生活の中で集団行動する機会をできるだけ多くし、こうした問題と近い状況に慣れておくことが有効な対策の1つです。

【おすすめ問題集】
Ｊｒ・ウォッチャー29「行動観察」

慶應義塾幼稚舎　専用注文書

年　　月　　日

試験の特徴をおさえて、効果的な学習ステップをふみましょう。

＊当校の３つのポイント＊

1　コミュニケーション力を磨く

指示を聞き、理解することの大切さがノンペーパテストでは通常の試験より、さらに大きくなります。

2　集団行動は積極的に

２次試験は、行動観察や運動など、集団活動がメインです。大胆かつ積極的に取り組む力が必要です。

3　表現力を磨く

２次試験には、制作・絵画分野の課題がかならずあります。「時間内に個性を表現する力」を訓練しましょう。

必ずおさえたい分野の問題集

書　名	本体価格	注文
Ｊｒ．ウォッチャー 22「想像画」	1,500	冊
Ｊｒ．ウォッチャー 23「切る・貼る・塗る」	1,500	冊
Ｊｒ．ウォッチャー 24「絵画」	1,500	冊
Ｊｒ．ウォッチャー 28「運動」	1,500	冊
Ｊｒ．ウォッチャー 29「行動観察」	1,500	冊
実践ゆびさきトレーニング①	2,500	冊
実践ゆびさきトレーニング②	2,500	冊
実践ゆびさきトレーニング③	2,500	冊
新　口頭試問・個別テスト問題集	2,500	冊
新　運動テスト問題集	2,200	冊

その他おすすめ問題集

書　名	本体価格	注文
Ｊｒ．ウォッチャー 21「お話づくり」	1,500	冊
新 小学校受験で知っておくべき 125 のこと	2,600	冊
新 願書・アンケート文例集 500	2,600	冊
保護者の悩みＱ＆Ａ	2,600	冊
願書の書き方から面接まで	2,500	冊
合　計		冊

（フリガナ） 氏　名	電　話 ＦＡＸ E-mail
住 所　〒　　　ー	以前にご注文されたことはございますか。 有　・　無

★お近くの書店、または記載の電話・FAX・ホームページにてご注文をお受けしております。
電話：03-5261-8951　FAX：03-5261-8953 代金は書籍合計金額＋送料がかかります。
※なお、落丁・乱丁以外の理由による商品の返品・交換には応じかねます。

★ご記入頂いた個人に関する情報は、当社にて厳重に管理致します。なお、ご購入の商品発送の他に、当社発行の書籍案内、書籍に関する調査に使用させて頂く場合がございますので、予めご了承ください。

日本学習図書株式会社
http://www.nichigaku.jp

問題2

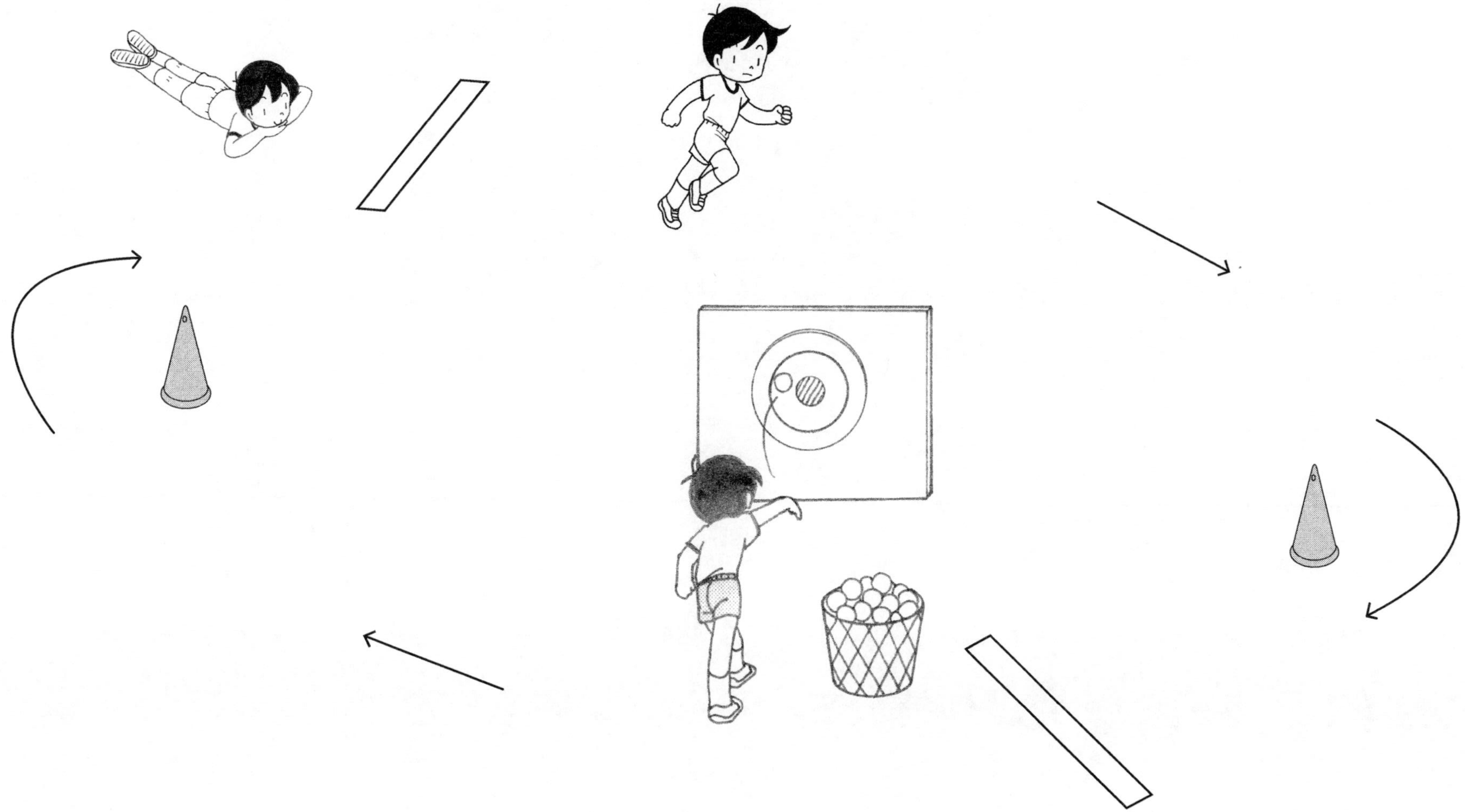

※1周目はギャロップ、2周目はボール投げをする

問題4

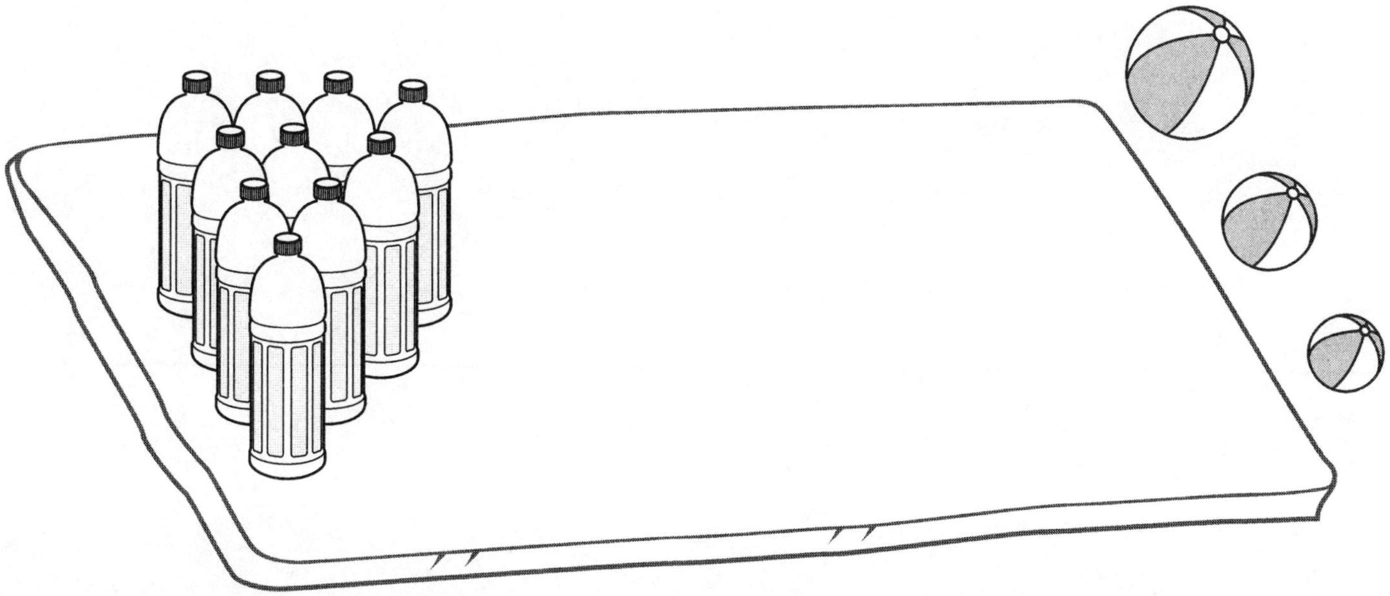

※マットは裏面を使用する

問題７

①クレヨンで２つの紙コップの外側に
絵を描く

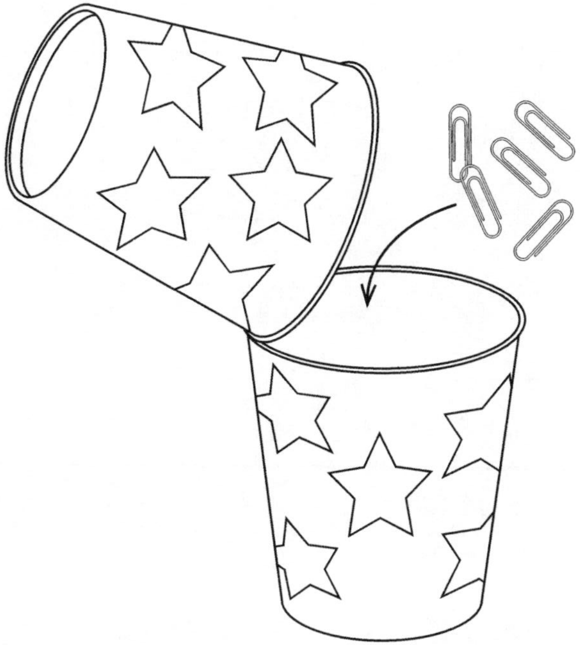

②クリップを数個、紙コップの中に入れる

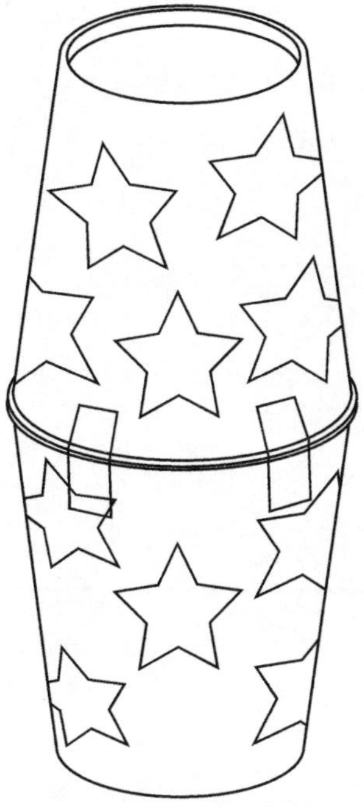

③紙コップの飲み口同士を
セロハンテープで留める

問題8

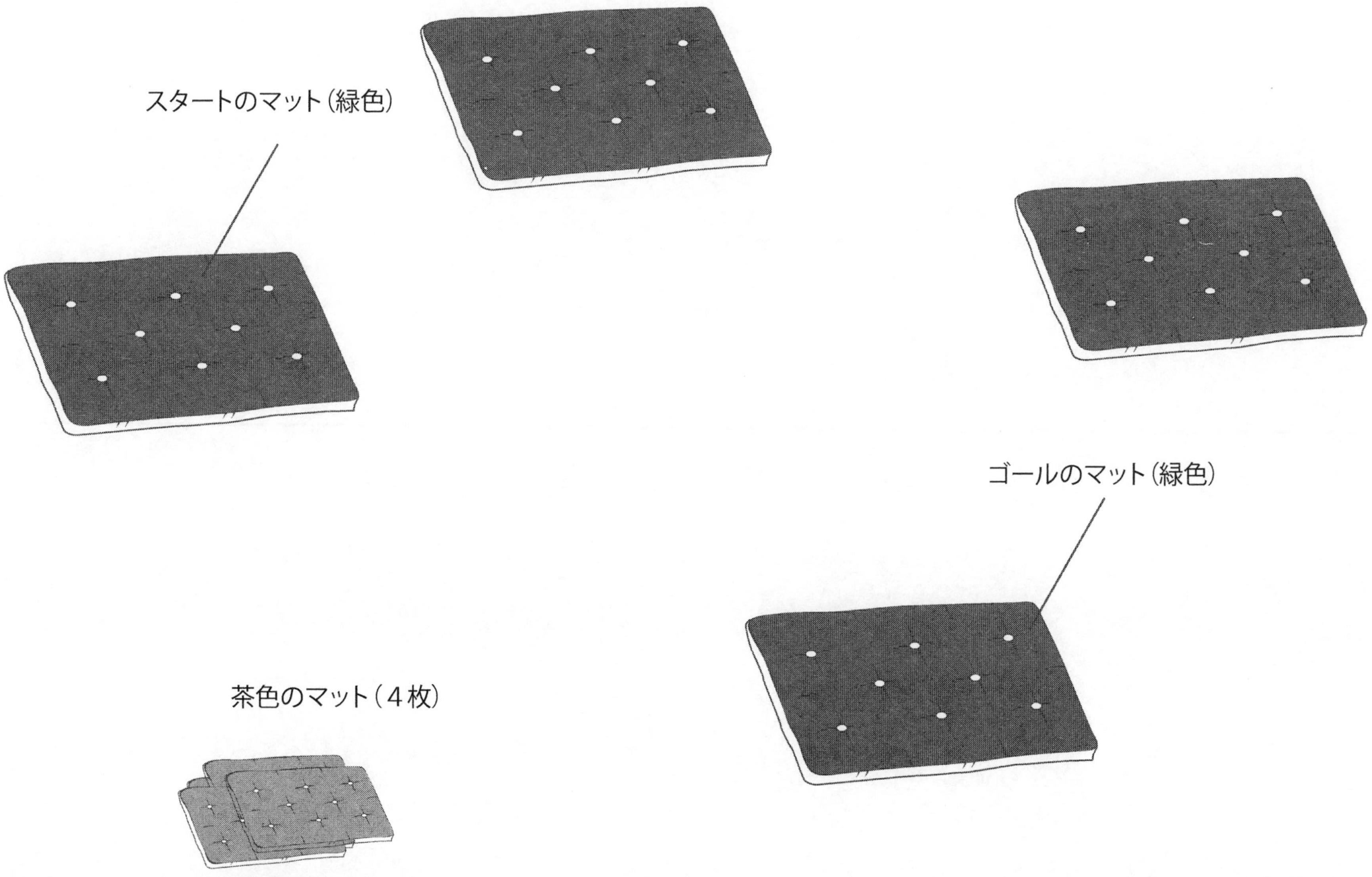

問題9

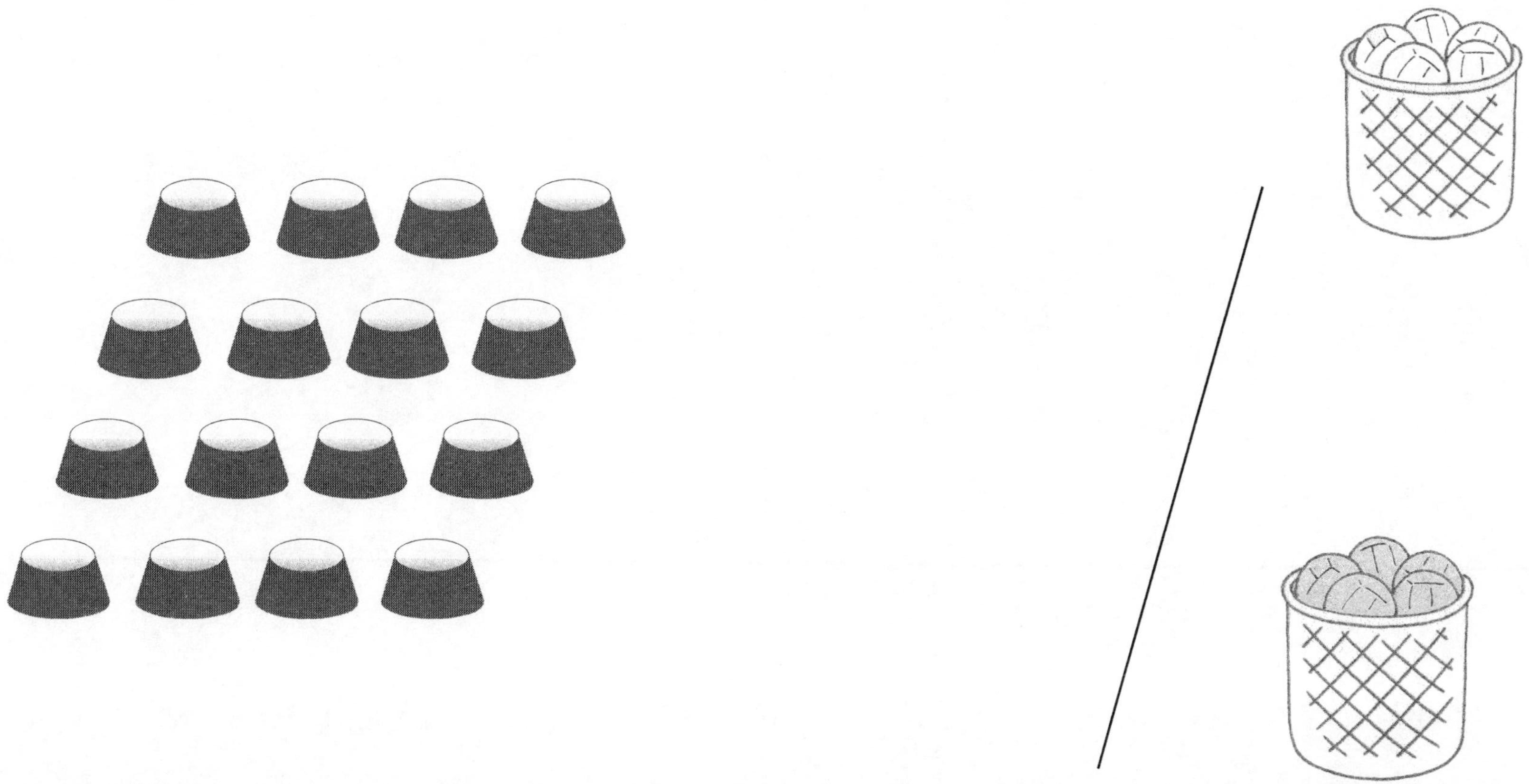

問題１４

問題16－1

問題16－2

問題２０

※的当て

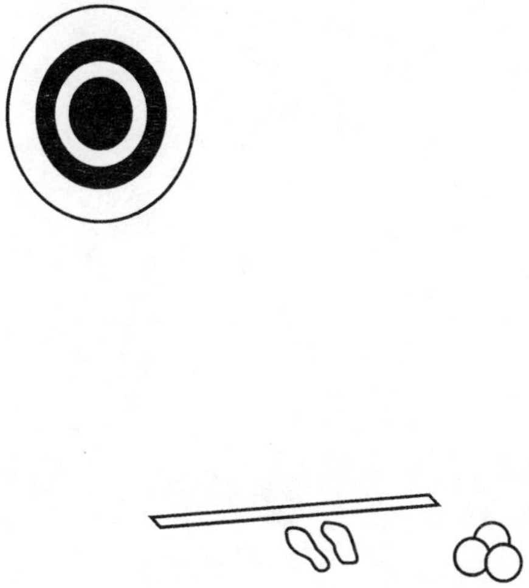

※輪投げ

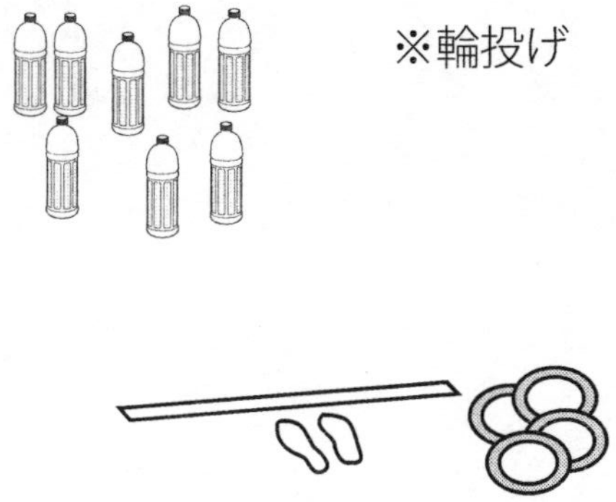

※ミニピアノの遊び

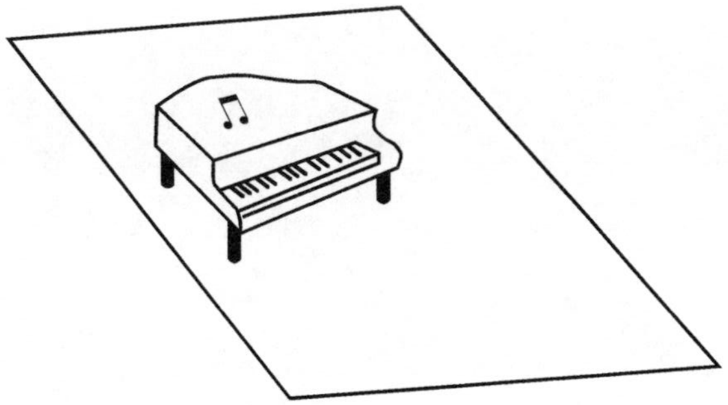

※ミニカー、電車のおもちゃの遊び

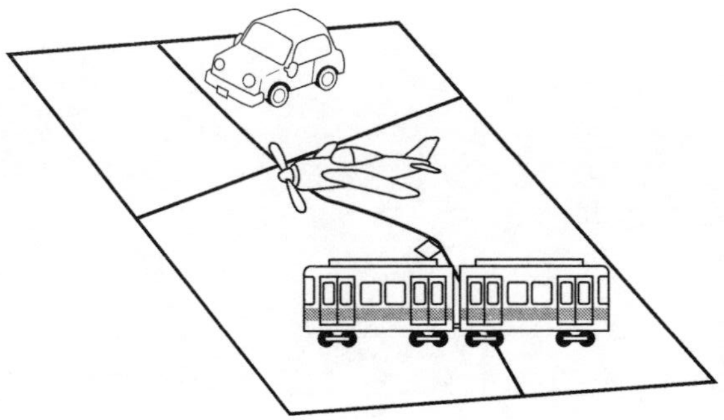

日本学習図書株式会社

問題２２

<完成図>

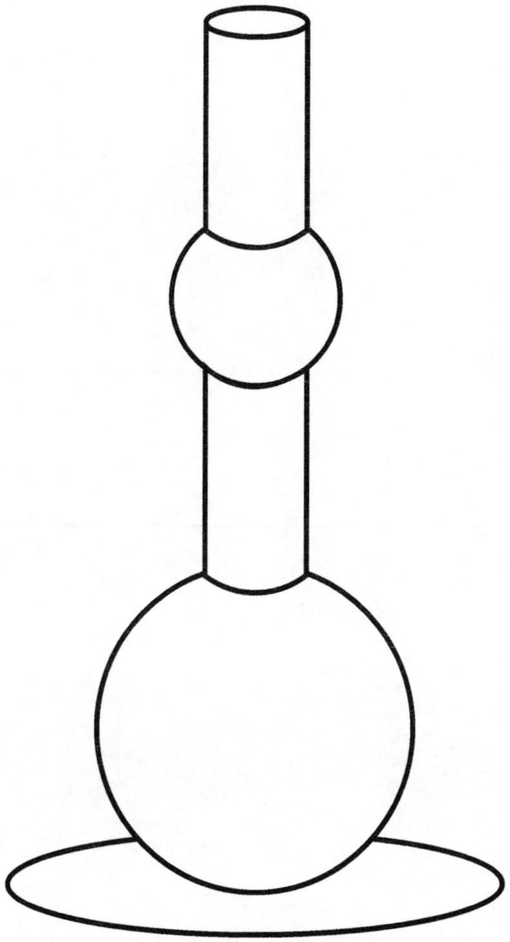

日本学習図書株式会社

問題２４

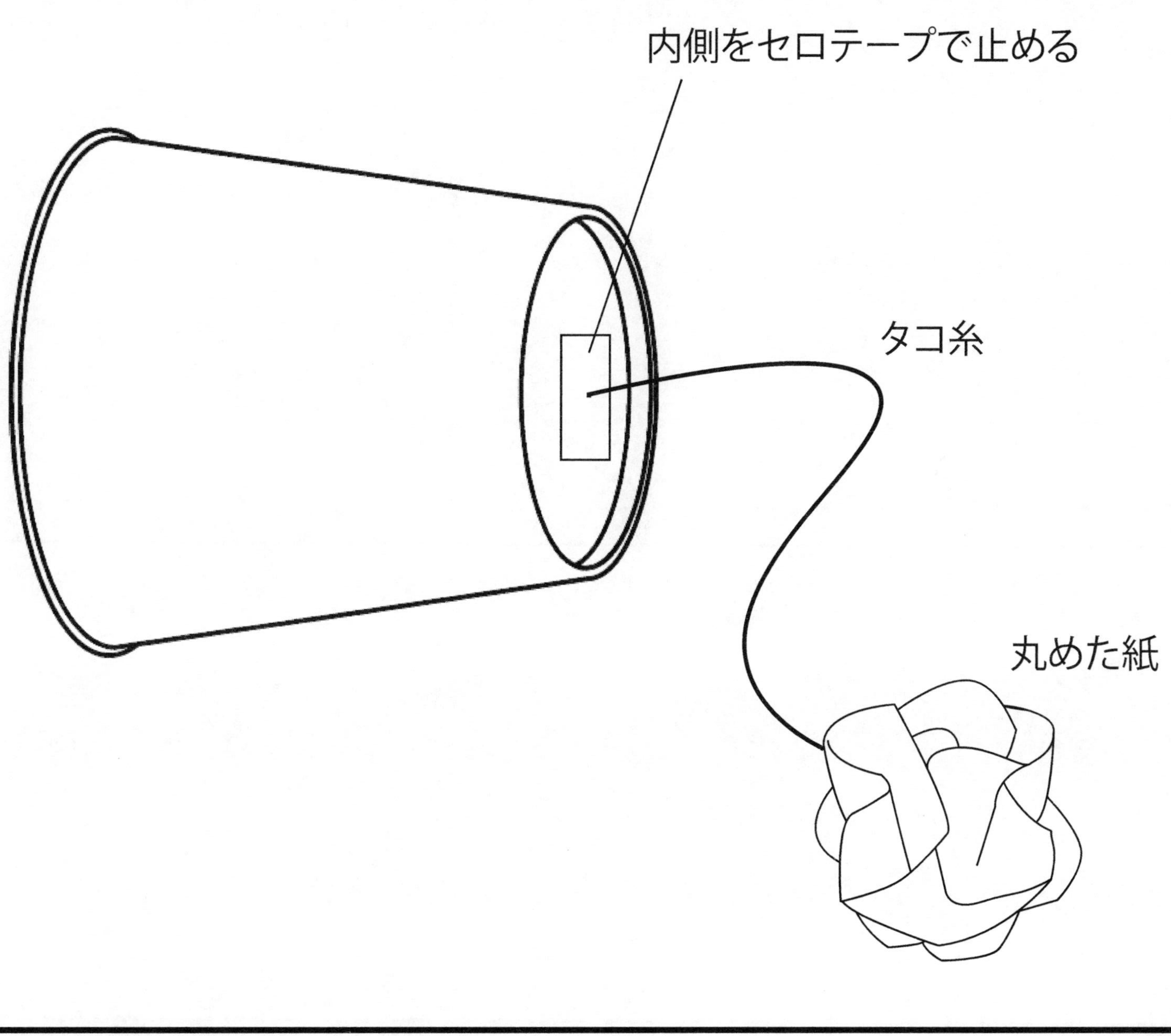

②

④

①

③

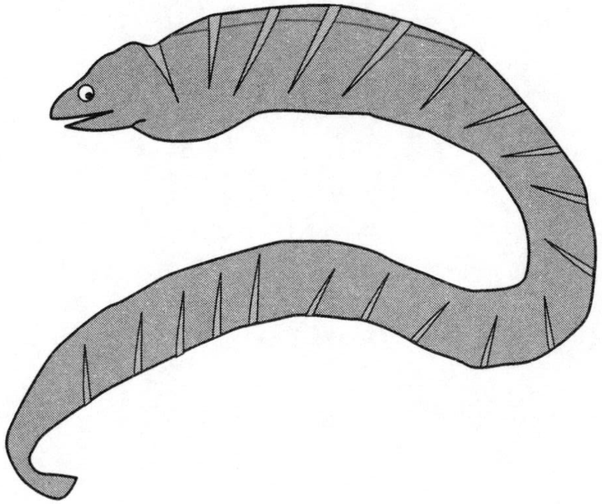

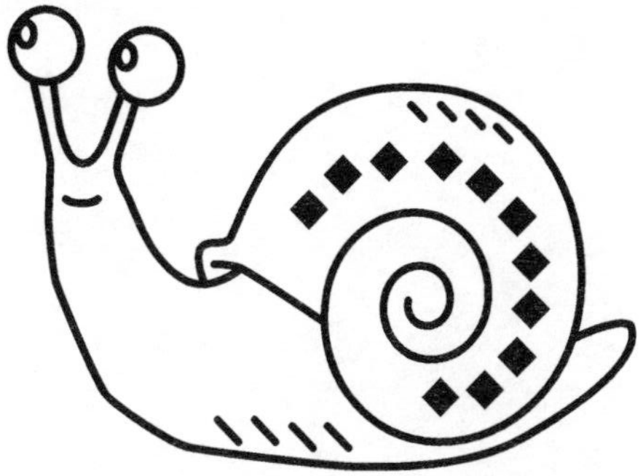

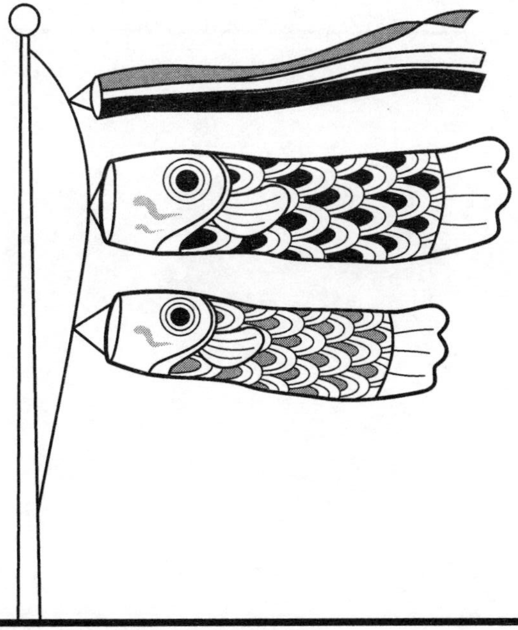

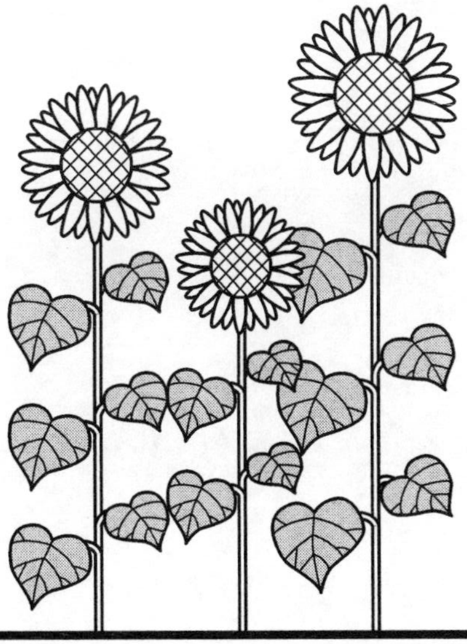

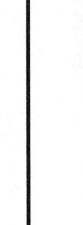

問題28

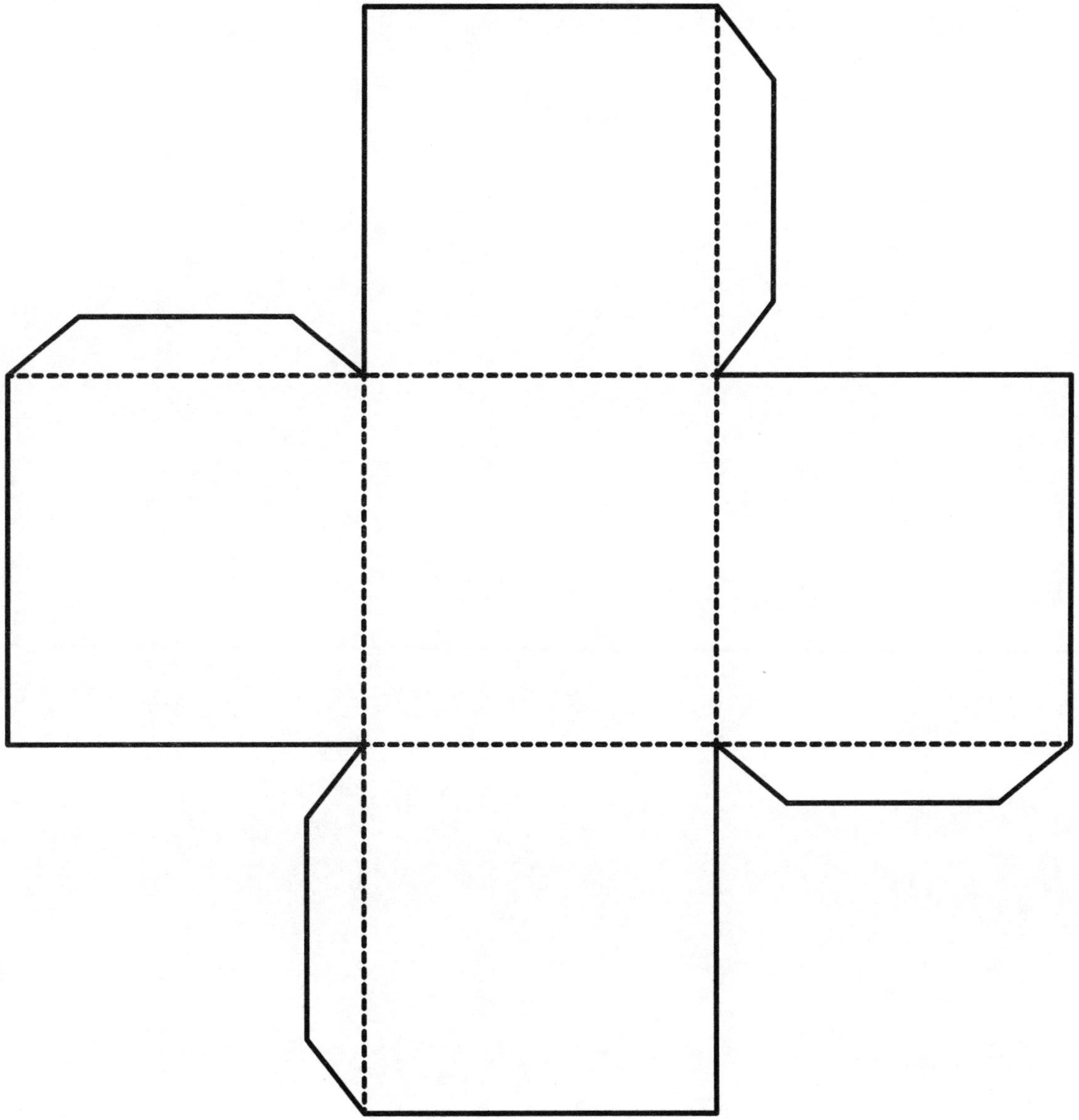

8 S

問題２９

問題 3 1

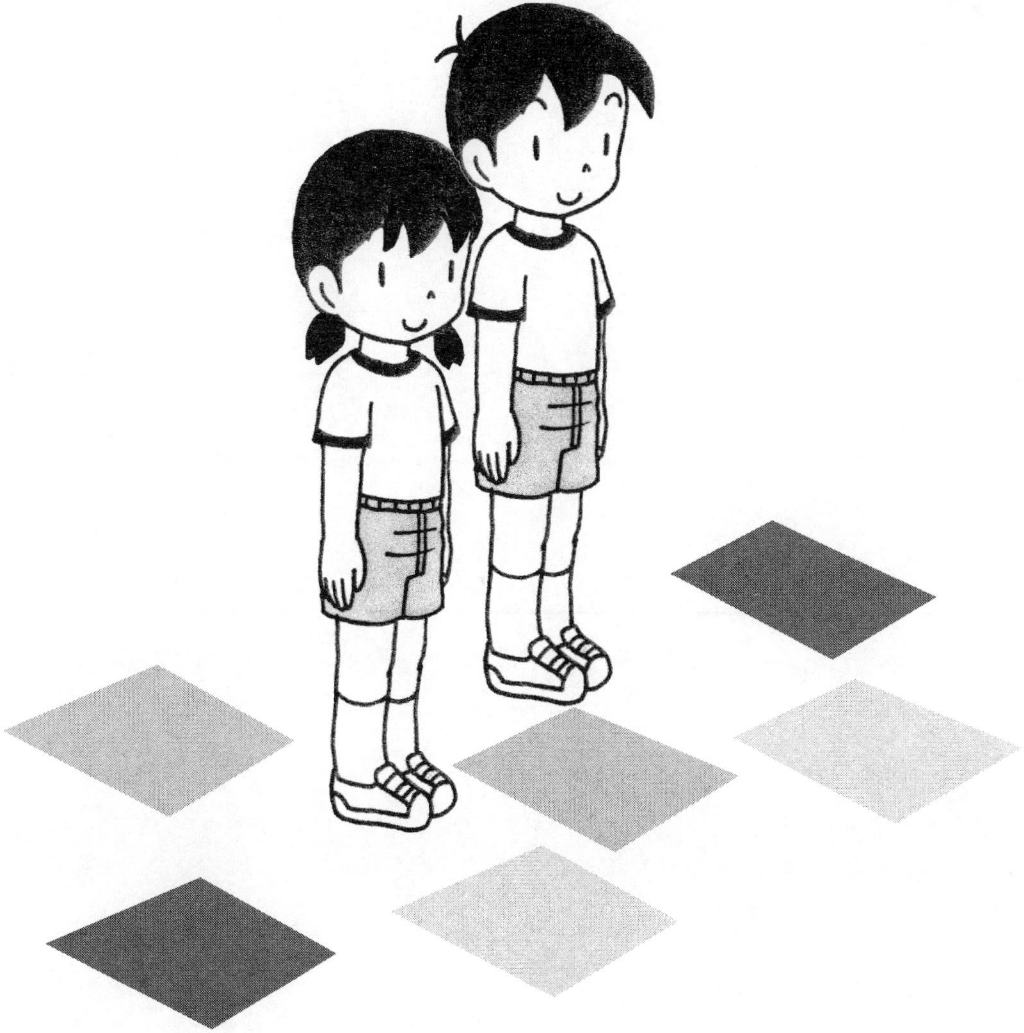

問題３２

問題33

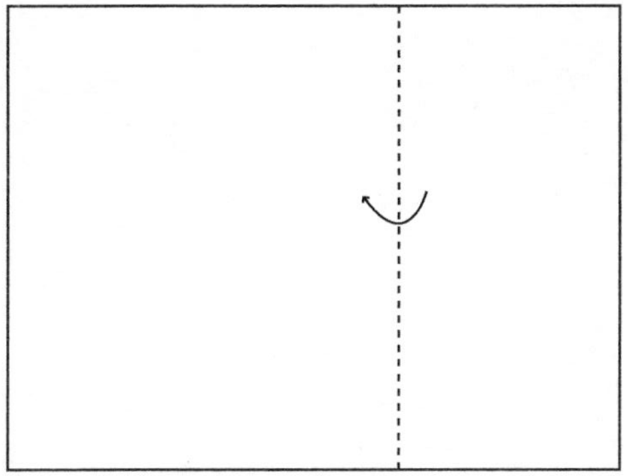

① 画用紙を横幅3/1のところで折り、
折った部分の内側にも外側にも絵を描く。

②折った部分を広げると違う絵になるようにする。

（例）

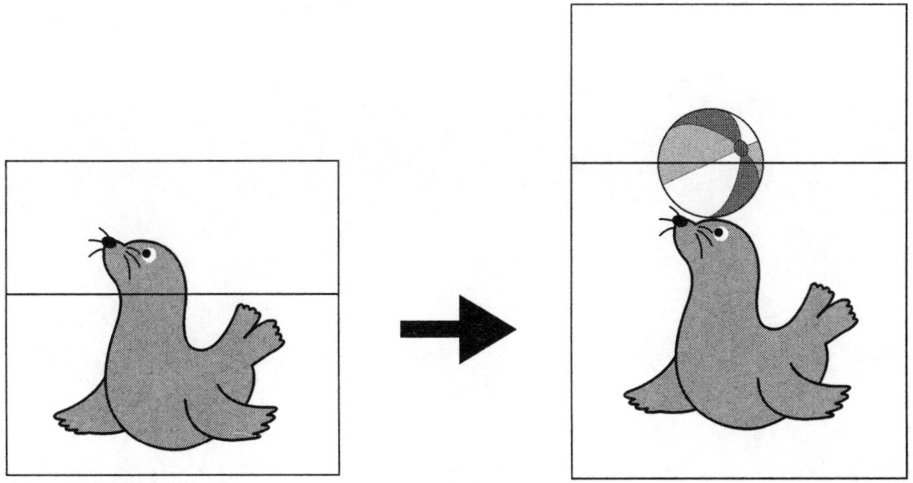

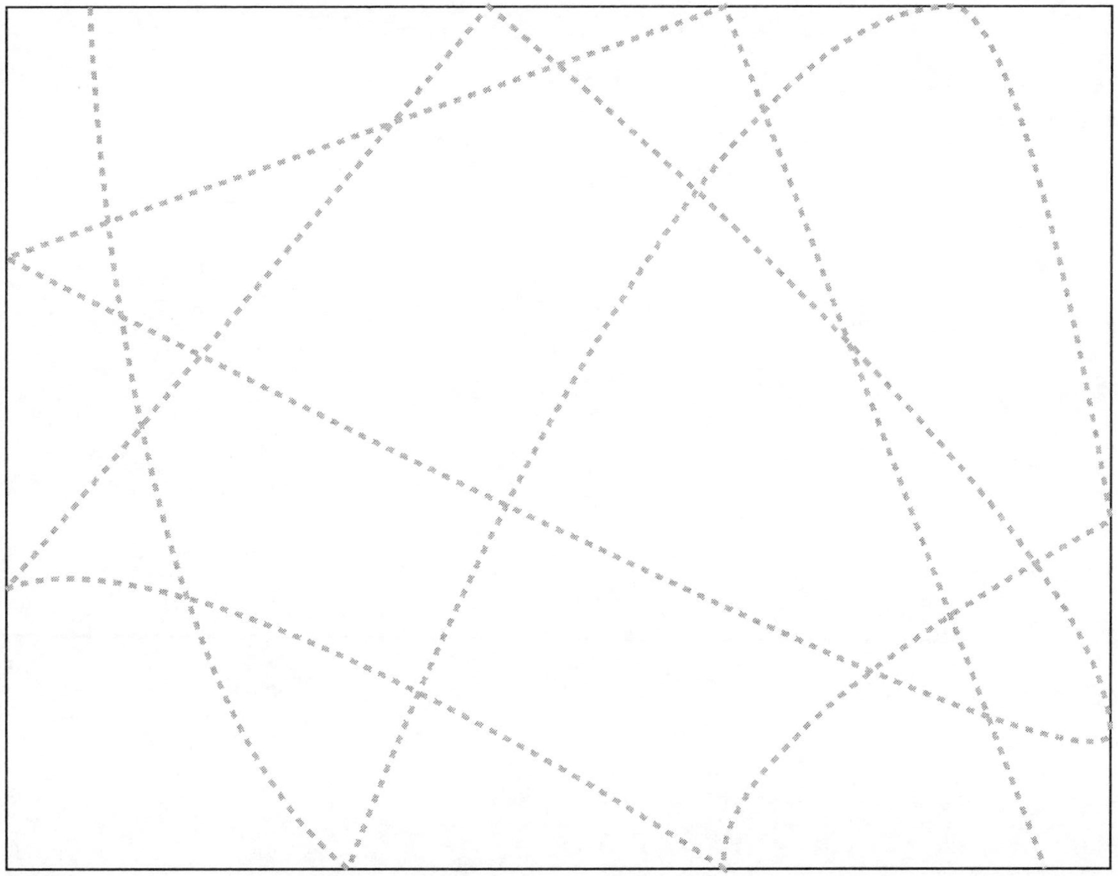

① 右のように予め破線を引いた
画用紙に絵を描く。

②破線に沿ってハサミで切る。

③切ったものをいったんバラバラにした後、
もう一度元のように並べる。

日本学習図書株式会社

2021 年度　慶應義塾幼稚舎　過去　無断複製／転載を禁ずる　日本学習図書株式会社

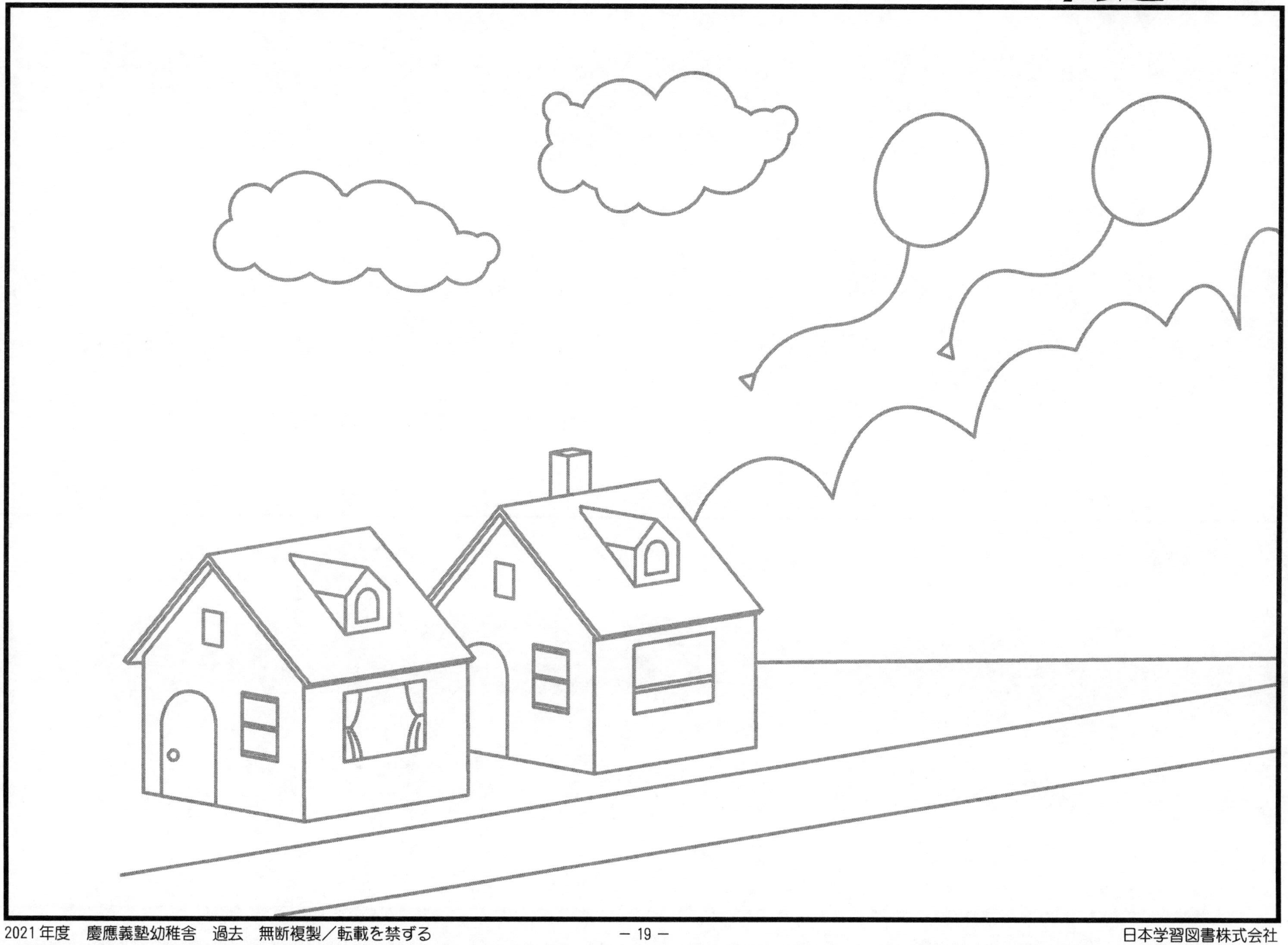

問題３７

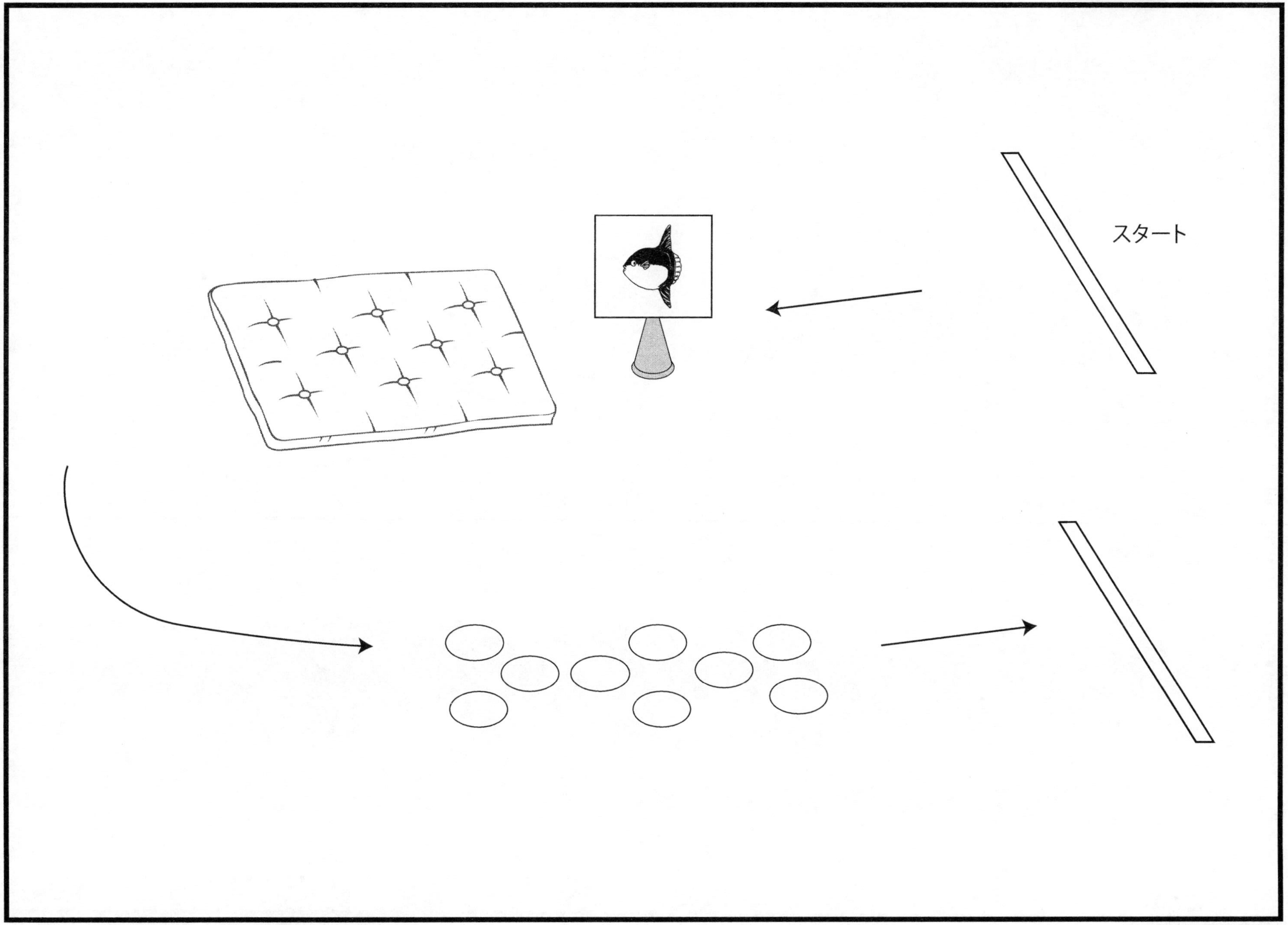

問題３８

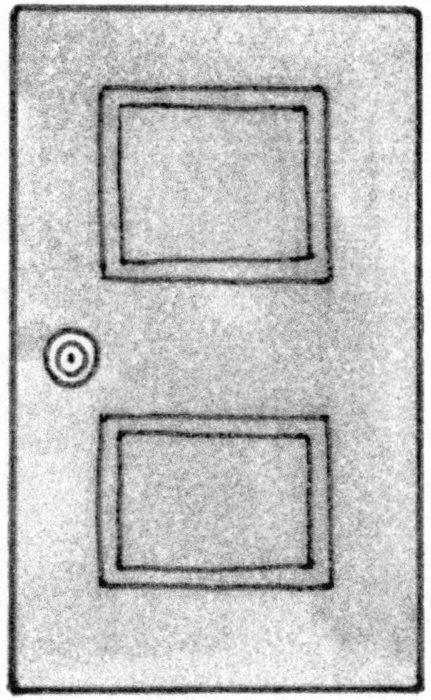

問題39

図書カード 1000 円分プレゼント

ご記入日　　　　年　月　日

☆国・私立小学校受験アンケート☆

※可能な範囲でご記入下さい。選択肢は○で囲んで下さい。

〈小学校名〉＿＿＿＿＿＿＿＿＿＿＿＿　〈お子さまの性別〉男・女　〈誕生月〉＿＿月

〈その他の受験校〉（複数回答可）＿＿＿＿＿＿＿＿＿＿＿＿＿＿＿＿＿＿＿＿

〈受験日〉①：＿＿月＿＿日〈時間〉＿＿時＿＿分　～　＿＿時＿＿分

②：＿＿月＿＿日〈時間〉＿＿時＿＿分　～　＿＿時＿＿分

〈受験者数〉男女計＿＿名（男子＿＿名　女子＿＿名）

〈お子さまの服装〉＿＿＿＿＿＿＿＿＿＿＿＿＿＿＿＿

〈入試全体の流れ〉（記入例）準備体操→行動観察→ペーパーテスト

＿＿＿＿＿＿＿＿＿＿＿＿＿＿＿＿＿＿＿＿＿＿＿＿＿＿

Eメールによる情報提供

日本学習図書では、Eメールでも入試情報を募集しております。

下記のアドレスに、アンケートの内容をご入力の上、メールをお送り下さい。

ojuken@nichigaku.jp

●行動観察　（例）好きなおもちゃで遊ぶ・グループで協力するゲームなど

〈実施日〉＿＿月＿＿日〈時間〉＿＿時＿＿分　～　＿＿時＿＿分〈着替え〉□有　□無

〈出題方法〉□肉声　□録音　□その他（　　　　　　）〈お手本〉□有　□無

〈試験形態〉□個別　□集団（　　　人程度）

〈会場図〉

〈内容〉

□自由遊び

＿＿＿＿＿＿＿＿＿＿＿＿＿＿＿＿＿＿＿＿

□グループ活動

＿＿＿＿＿＿＿＿＿＿＿＿＿＿＿＿＿＿＿＿

□その他

＿＿＿＿＿＿＿＿＿＿＿＿＿＿＿＿＿＿＿＿

●運動テスト（有・無）　（例）跳び箱・チームでの競争など

〈実施日〉＿＿月＿＿日〈時間〉＿＿時＿＿分　～　＿＿時＿＿分〈着替え〉□有　□無

〈出題方法〉□肉声　□録音　□その他（　　　　　　）〈お手本〉□有　□無

〈試験形態〉□個別　□集団（　　　人程度）

〈会場図〉

〈内容〉

□サーキット運動

□走り　□跳び箱　□平均台　□ゴム跳び

□マット運動　□ボール運動　□なわ跳び

□クマ歩き

□グループ活動＿＿＿＿＿＿＿＿＿＿＿＿＿＿＿＿

□その他＿＿＿＿＿＿＿＿＿＿＿＿＿＿＿＿＿＿

日本学習図書株式会社

●知能テスト・口頭試問

〈実施日〉＿＿月＿＿日 〈時間〉＿＿時＿＿分 ～ ＿＿時＿＿分 〈お手本〉□有 □無

〈出題方法〉 □肉声 □録音 □その他（　　　　　　） 〈問題数〉＿＿枚 ＿＿問

分野	方法	内容	詳細・イラスト
（例） お話の記憶	□筆記 □口頭	（動物たち）が（待ち合わせ）する話 □順番 □マナー・生活常識 □個数 □季節 □その他（　　　　　）	（あらすじ） 動物たちが待ち合わせをした。最初にウサギさんが来た。次にイヌくんが、その次にネコさんが来た。最後にタヌキくんが来た。 （問題・イラスト） ３番目に来た動物は誰か 
お話の記憶	□筆記 □口頭	（　　　）が（　　　　）する話 □あらすじ □順番 □個数 □登場人物の心情 □マナー・生活常識 □季節 □その他	（あらすじ） （問題・イラスト）
図形	□筆記 □口頭	□点・線図形 □座標 □パズル □同図形・異図形さがし □対称 □積み木 □重ね図形 □鏡図形 □展開 □その他（　　　　　）	
言語	□筆記 □口頭	□語彙・知識 □しりとり □言葉の音 □識字 □その他（　　　　　）	
常識	□筆記 □口頭	□昔話 □マナー・ルール □理科 □生活常識 □季節 □その他（　　　　　）	
数量	□筆記 □口頭	□計数 □増減 □分割 □比較 □その他（　　　　　）	
推理	□筆記 □口頭	□シーソー □ブラックボックス □言葉の音 □系列・観覧車 □条件移動 □欠所補完 □その他（　　　　　）	
その他	□筆記 □口頭	□複合問題 □その他（　　　　　）	

●制作　（例）ぬり絵・お絵かき・工作遊びなど

〈実施日〉＿＿月＿＿日〈時間〉＿＿時＿＿分＿～＿＿時＿＿分

〈出題方法〉□肉声 □録音 □その他（　　　　　）〈お手本〉□有 □無

〈試験形態〉□個別 □集団（　　　人程度）

材料・道具	制作内容
□ハサミ □のり（□つぼ □液体 □スティック） □セロハンテープ □鉛筆 □クレヨン（　色） □クーピーペン（　色） □サインペン（　色）□ □画用紙（□ A4 □ B4 □ A3 □その他：　　　　　） □折り紙 □新聞紙 □粘土 □その他（　　　　　）	□切る □貼る □塗る □ちぎる □結ぶ □描く □その他（　　　　　） タイトル：＿＿＿＿＿＿＿＿＿＿＿＿

●面接

〈実施日〉＿＿月＿＿日〈時間〉＿＿時＿＿分＿～＿＿時＿＿分〈面接担当者〉＿＿名

〈試験形態〉□志願者のみ（　　）名 □保護者のみ □親子同時 □親子別々

〈質問内容〉

□志望動機　□お子さまの様子

□家庭の教育方針

□志望校についての知識・理解

□その他（　　　　　　　　　　）

（ 詳　細 ）

・

・

・

・

※試験会場の様子をご記入下さい。

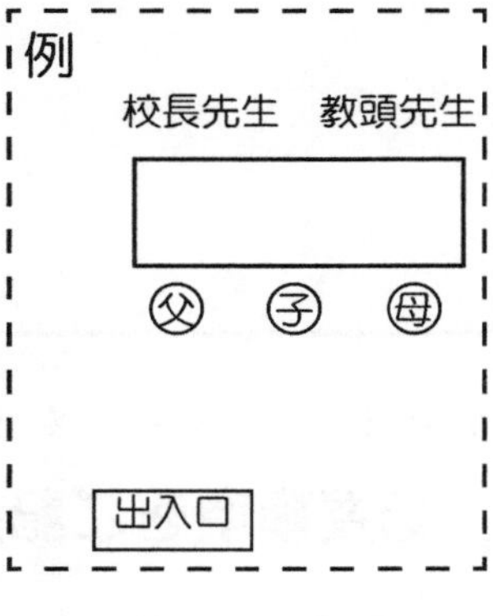

●保護者作文・アンケートの提出（有・無）

〈提出日〉□面接直前　□出願時　□志願者考査中　□その他（　　　　　　　）

〈下書き〉□有　□無

〈アンケート内容〉

（記入例）当校を志望した理由はなんですか（150字）

●**説明会**（□有　□無）〈開催日〉＿＿月＿＿日〈時間〉＿＿時＿＿分～＿＿時＿＿分

〈上履き〉　□要　□不要　〈願書配布〉　□有　□無　〈校舎見学〉　□有　□無

〈ご感想〉

●**参加された学校行事**（複数回答可）

公開授業〈開催日〉＿＿月＿＿日〈時間〉＿＿時＿＿分～＿＿時＿＿分

運動会など〈開催日〉＿＿月＿＿日〈時間〉＿＿時＿＿分～＿＿時＿＿分

学習発表会・音楽会など〈開催日〉＿＿月＿＿日〈時間〉＿＿時＿＿分～＿＿時＿＿分

〈ご感想〉

※是非参加したほうがよいと感じた行事について

●**受験を終えてのご感想、今後受験される方へのアドバイス**

※対策学習（重点的に学習しておいた方がよい分野）、当日準備しておいたほうがよい物など

＊＊＊＊＊＊＊＊＊＊＊＊＊　ご記入ありがとうございました　＊＊＊＊＊＊＊＊＊＊＊＊＊

必要事項をご記入の上、ポストにご投函ください。

なお、本アンケートの送付期限は入試終了後３ヶ月とさせていただきます。また、入試に関する情報の記入量が当社の基準に満たない場合、謝礼の送付ができないことがございます。あらかじめご了承ください。

ご住所：〒＿＿＿＿＿＿＿＿＿＿＿＿＿＿＿＿

お名前：＿＿＿＿＿＿＿＿＿＿　メール：＿＿＿＿＿＿＿＿＿＿

ＴＥＬ：＿＿＿＿＿＿＿＿＿＿　ＦＡＸ：＿＿＿＿＿＿＿＿＿＿

ご記入頂いた個人に関する情報は、当社にて厳重に管理致します。弊社の個人情報取り扱いに関する詳細は、www.nichigaku.jp/policy.php の「個人情報の取り扱い」をご覧下さい。

分野別 小学入試練習帳 ジュニアウォッチャー

1．点・線図形	小学校入試で出題頻度の高い『点・線図形』の模写を、難易度の低いものから段階別に幅広く練習することができるように構成。
2．座標	図形の位置模写という作業を、難易度の低いものから段階別に練習できるように構成。
3．パズル	様々なパズルの問題を難易度の低いものから段階別に練習できるように構成。
4．同図形探し	小学校入試で出題頻度の高い、同図形選びの問題を繰り返し練習できるように構成。
5．回転・展開	図形などを回転、または展開したとき、形がどのように変化するかを学習し、理解を深められるように構成。
6．系列	数、図形などの様々な系列問題を、難易度の低いものから段階別に練習できるように構成。
7．迷路	迷路の問題を繰り返し練習できるように構成。
8．対称	対称に関する問題を４つのテーマに分類し、各テーマごとに問題を段階別に練習できるように構成。
9．合成	図形の合成に関する問題を、難易度の低いものから段階別に練習できるように構成。
10. 四方からの観察	もの（立体）を様々な角度から見て、どのように見えるかを推理する問題を段階別に整理し、１つの形式で複数の問題を練習できるように構成。
11. いろいろな仲間	ものや動物、植物の共通点を見つけ、分類していく問題を中心に構成。
12. 日常生活	日常生活における様々な問題を６つのテーマに分類し、各テーマごとに一つの問題形式で複数の問題を練習できるように構成。
13. 時間の流れ	『時間』に着目し、様々なものごとは、時間が経過するとどのように変化するのかということを学習し、理解できるように構成。
14. 数える	様々なものを『数える』ことから、数の多少の判定やかけ算、わり算の基礎までを練習できるように構成。
15. 比較	比較に関する問題を５つのテーマ（数、高さ、長さ、量、重さ）に分類し、各テーマごとに問題を段階別に練習できるように構成。
16. 積み木	数える対象を積み木に限定した問題集。
17. 言葉の音遊び	言葉の音に関する問題を５つのテーマに分類し、各テーマごとに問題を段階別に練習できるように構成。
18. いろいろな言葉	表現力をより豊かにするいろいろな言葉として、擬態語や擬声語、同音異義語、反意語、数詞を取り上げた問題集。
19. お話の記憶	お話を聴いてその内容を記憶、理解し、設問に答える形式の問題集。
20. 見る記憶・聴く記憶	「見て憶える」「聴いて憶える」という『記憶』分野に特化した問題集。
21. お話作り	いくつかの絵を元にしてお話を作る練習をして、想像力を養うことができるように構成。
22. 想像画	描かれてある形や景色に好きな絵を描くことにより、想像力を養うことができるように構成。
23. 切る・貼る・塗る	小学校入試で出題頻度の高い、はさみやのりなどを用いた巧緻性の問題を繰り返し練習できるように構成。
24•絵画	小学校入試で出題頻度の高い、お絵かきやぬり絵などクレヨンやクーピーペンを用いた巧緻性の問題を繰り返し練習できるように構成。
25. 生活巧緻性	小学校入試で出題頻度の高い日常生活の様々な場面における巧緻性の問題集。
26. 文字・数字	ひらがなの清音、濁音、拗音、拗長音、促音と１～20までの数字に焦点を絞り、練習できるように構成。
27. 理科	小学校入試で出題頻度が高くなりつつある理科の問題を集めた問題集。
28. 運動	出題頻度の高い運動問題を種目別に分けて構成。
29. 行動観察	項目ごとに問題提起をし、「このような時はどうか、あるいはどう対処するのか」の観点から問いかける形式の問題集。
30. 生活習慣	学校から家庭に提起された問題と思って、一問一問絵を見ながら話し合い、考える形式の問題集。

31. 推理思考	数、量、言語、常識（含理科、一般）など、諸々のジャンルから問題を構成し、近年の小学校入試問題傾向に沿って構成。
32. ブラックボックス	箱や筒の中を通ると、どのようなお約束でどのように変化するかを推理・思考する問題集。
33. シーソー	重さの違うものをシーソーに乗せた時どちらに傾くのか、またどうすればシーソーは釣り合うのかを思考する基礎的な問題集。
34. 季節	様々な行事や植物などを季節別に分類できるように知識をつける問題集。
35. 重ね図形	小学校入試で頻繁に出題されている「図形を重ね合わせてできる形」についての問題を集めました。
36. 同数発見	様々な物を数え「同じ数」を発見し、数の多少の判断や数の認識の基礎を学べるように構成した問題集。
37. 選んで数える	数の学習の基本となる、いろいろなものの数を正しく数える学習を行う問題集。
38. たし算・ひき算１	数字を使わず、たし算とひき算の基礎を身につけるための問題集。
39. たし算・ひき算２	数字を使わず、たし算とひき算の基礎を身につけるための問題集。
40. 数を分ける	数を等しく分ける問題です。等しく分けたときに余りが出るものもあります。
41. 数の構成	ある数がどのような数で構成されているか学んでいきます。
42. 一対多の対応	一対一の対応から、一対多の対応まで、かけ算の考え方の基礎学習を行います。
43. 数のやりとり	あげたり、もらったり、数の変化をしっかりと学びます。
44. 見えない数	指定された条件から数を導き出します。
45. 図形分割	図形の分割に関する問題集。パズルや合成の分野にも通じる様々な問題を集めました。
46. 回転図形	「回転図形」に関する問題集。やさしい問題から始め、いくつかの代表的なパターンから、段階を踏んで学習できるよう編集されています。
47. 座標の移動	「マス目の指示通りに移動する問題」と「指示された数だけ移動する問題」を収録。
48. 鏡図形	鏡で左右反転させた時の見え方を考えます。平面図形から立体図形、文字、絵まで。
49. しりとり	すべての学習の基礎となる「言葉」を学ぶこと、特に「語彙」を増やすことに重点をおき、さまざまなタイプの「しりとり」問題を集めました。
50. 観覧車	観覧車やメリーゴーラウンドなどを舞台にした「回転系列」の問題集。「推理思考」分野の問題ですが、要素として「図形」や「数量」も含みます。
51. 運筆①	鉛筆の持ち方を学び、点線なぞり、お手本を見ながらの模写で、線を引く練習をします。
52. 運筆②	運筆①からさらに発展し、「欠所補完」や「迷路」などを楽しみながら、より複雑な鉛筆運びを習得することを目指します。
53. 四方からの観察 積み木編	積み木を使用した「四方からの観察」に関する問題を練習できるように構成。
54. 図形の構成	見本の図形がどのような部分によって形づくられているかを考えます。
55. 理科②	理科的知識に関する問題を集中して練習する「常識」分野の問題集。
56. マナーとルール	道路や駅、公共の場でのマナー、安全や衛生に関する常識を学べるように構成。
57. 置き換え	さまざまな具体的・抽象的事象を記号で表す「置き換え」の問題を扱います。
58. 比較②	長さ・高さ・体積・数などを数学的な知識を使わず、論理的に推測する「比較」の問題を練習できるように構成。
59. 欠所補完	線と線のつながり、欠けた絵に当てはまるものなどを求める「欠所補完」に取り組める問題集です。
60. 言葉の音（おん）	しりとり、決まった順番の音をつなげるなど、「言葉の音」に関する問題に取り組める練習問題集です。